유난히 별나게 나타난 과학 쌤의
유별난 과학 시간
2 지구 어디에나 있는 물질 선생님

초판 1쇄 2025년 8월 14일
글 이진규 ○ 그림 나인완 ○ 감수·추천 장홍제
펴낸이 김윤정 ○ 편집 고양이 ○ 디자인 Studio Marzan 김성미
펴낸곳 신나는원숭이 ○ 출판등록 2024년 3월 4일 제2024-000016호
전화 031-223-0214 ○ 전자우편 books@funny-monkey.com
인스타그램 @funnymonkey_books ○ 블로그 blog.naver.com/funnymonkey_books
ISBN 979-11-989121-4-5 73430
제조자 신나는원숭이 ○ 제조국 대한민국 ○ 사용연령 8세 이상

ⓒ 이진규, 나인완 2025

* 이 책의 전부 또는 일부 내용을 재사용하려면 반드시 사전에 저작권자와
  신나는원숭이의 동의를 받아야 합니다.
* 잘못된 책은 구입하신 서점에서 바꿔 드립니다.
* KC마크는 이 제품이 공통안전기준에 적합하였음을 의미합니다.
* 책 모서리에 다치지 않게 주의하세요.

유난히 별나게 나타난 과학 쌤의
유별난 과학 시간
② 지구 어디에나 있는 물질 선생님

★ 글 이진규
★ 그림 나인완
★ 감수·추천 장홍제

신나는원숭이

추천의 글

우리 주변에서 만날 수 있는 흥미진진한 과학!

　우리는 물질에 둘러싸여 살아가고 있습니다. 여러분이 입고 있는 옷과 먹는 음식, 집과 자동차, 지금 펼쳐 보는 이 책까지 모두 다양한 물질들로 이루어져 있죠. 물질의 종류가 다양한 만큼 성질과 모습도 제각기 다릅니다. 이 책에서는 물질의 가장 작은 기본 단위인 원자와 분자부터 고체, 액체, 기체와 같은 물질의 변화, 그리고 일상생활 속에서 만나 볼 수 있는 흥미로운 현상들을 재미있게 들려줍니다.

　단순히 공부로 생각한다면 어렵거나 지겨울 수도 있습니다. 하지만 지금 바로 주위에서 쉽게 찾아볼 수 있는 물질들에 대해 속속들이 설명해 주니 '아 그랬구나!' 하고 고개를 끄덕이게 됩니다.

　신기한 과학 이야기는 여기서 끝나지 않습니다. 옛날 사람들이 돌을 금으로 바꾸려 했던 연금술부터 세상에서 가장 얇고 튼튼한 꿈의 신소재 그래핀 이야기까지 펼쳐집니다. 왜 생선에 레몬즙을 뿌리는지, 플라스틱 용기에 뜨거운 음식을 담으면 어떤 일이 생기는지 등 모든 질문에 대한 답이 이 책에 담겨 있습니다.

　과학은 어렵고 딱딱한 것이 아니라, 우리 주변에서 언제나 만날 수 있는 흥미진진한 것이라는 사실! 물질을 통해 세상을 보는 눈이 변하고 모든 것에 숨은 과학을 더 선명하게 찾아볼 수 있습니다. 물질 선생님과 함께 신나는 과학 탐험을 떠나 보세요!

광운대학교 화학과 교수
장홍제

작가의 말

물질 선생님과 더 넓은 세상으로

저는 어릴 때, 아마 일고여덟 살쯤이었을까요, 배추가 공장에서 나오는 줄 알고 있었어요. 부끄러운 이야기입니다. 아빠가 밭에서 나온다고 고쳐 알려 주었을 때, 제가 알던 세계 어딘가가 팡 터지는 느낌이 들었어요. 새롭게 안 다는 것은 그런 게 아닐까요? 뭔가 팡 터지는 듯한 느낌이요.

우리가 너무나도 자연스럽게 받아들여 온 세상. 그 세상은 물질이 이루고 있습니다. 그리고 물질에는 수없이 많은 이야기가 담겨 있어요. 물질에 대해 알아낸 사실들을 바탕으로 인간은 맛있는 요리를 만들고, 재미있는 놀거리를 만들고, 사람들의 생명을 구하기도 하며, 우주에 나아가 미지의 세계를 탐험합니다. 배추의 진실을 알려 준 제 아빠처럼, 이 책에서는 물질 선생님이 여러분에게 물질의 이야기들을 들려줄 거예요. 그 끝에서는 여러분도 듣게 되지 않을까요? 마음속에서 뭔가 팡 터지는 소리를요.

물질에 대해 아직 알아내지 못한 이야기들이 훨씬 더 많이 남아 있어요. 물질 선생님이 들려주는 이야기를 발판 삼아, 더 넓고 깊은 세상을 만나길 바라요.

물질 이야기가 신기하고 재미있는
이진규

오늘의 유별난 과학 선생님을 소개합니다!

고체

지우개　　책상　　연필　　나무　　솥

액체

우유　　탄산음료　　주스　　물

기체

산소　　질소　　이산화 탄소　　수소

실험을 도와줄 자연물 입장!

물　　불　　공기　　흙

차례

추천의 글

작가의 말

오늘의 유별난 선생님을 소개합니다!

1교시 물질로 세상이 와글거려!

1. 물질이 뭐지? **14**
2. 물체랑 물질은 달라? **16**
3. 눈에 보이지 않아도 물질일까? **18**
4. 공기도 무게를 잴 수 있을까? **20**
5. 바람 빠진 풍선을 도로 크게 만들 수 있을까? **22**
6. 열기구는 어떻게 하늘 위로 올라가지? **24**
7. 수증기와 김은 같은 걸까? **26**
8. 얼음물이 든 컵에 왜 물방울이 맺히지? **28**
9. 왜 컵에 담아 둔 물이 줄어들지? **30**
10. 뜨거운 태양 아래서는 바닷물도 증발할까? **32**
11. 페트병에 물을 얼리면 왜 페트병이 부풀지? **34**
12. 물에 넣으면 뭐든 녹을까? **36**
13. 흙탕물을 깨끗하게 만들 수 있을까? **38**
14. 슬라임은 고체야 액체야? **40**

★ 비커 쌤의 와글와글 물질 세상 1 고체, 액체, 기체의 성질을 파헤치자! **42**

2교시   마법 같은 물질의 변신!

15. 돌멩이를 쪼개고 쪼개면 뭐가 남아? **44**

16. 물질은 어디서 왔지? **46**

17. 옛날엔 금을 만들려고 했다는데? **48**

18. 온도의 단위는 누가 정한 거야? **50**

19. 물은 몇 도까지 끓을 수 있어? **52**

20. 물이 꽁꽁 얼려면 몇 도까지 내려가야 해? **54**

21. 불꽃놀이의 불꽃 색깔은 색소로 내는 건가? **56**

22. 알코올 솜이 피부에 닿으면 왜 차갑지? **58**

23. 범죄 수사를 돕는 루미놀 용액은 어떤 물질이야? **60**

24. 손 소독제는 보호막 역할을 하는 걸까? **62**

25. 피가 파란색인 동물이 있다고? **64**

26. 물방울은 정말 둥근 모양이야? **66**

27. 왜 바닷물에서는 몸이 더 잘 뜨지? **68**

28. 제습제는 어떻게 물을 빨아들이는 거야? **70**

29. 수영장에서 나는 이상한 냄새의 정체는? **72**

★ 비커 쌤의 와글와글 물질 세상 2   끓는점, 어는점, 녹는점마다 변신하자! **74**

3교시 물질을 알면 새로워지는 맛

30. 라면을 더 쫄깃하게 끓이는 방법은? 76
31. 슬라임을 집에서 만들 수도 있을까? 78
32. 우유로 어떻게 요거트를 만들지? 80
33. 탄산음료에는 왜 공기 방울이 들어 있어? 82
34. 생선에 왜 레몬즙을 뿌리지? 84
35. 뜨거운 음식에 플라스틱 제품을 쓰면 왜 위험해? 86
36. 두부는 어떻게 만들어? 88
37. 잼은 왜 끈적거리지? 90
38. 매운 음식을 먹으면 진짜 스트레스가 풀릴까? 92
39. 사과를 깎아 놓으면 왜 갈색으로 변하지? 94
40. 음식에 든 화학 물질은 안전할까? 96
41. 양파를 자르면 왜 눈물이 나? 98
42. 물이 독이 될 때도 있어? 100
43. 왜 익히면 소화가 잘될까? 102
44. 드라이아이스가 어떻게 아이스크림을 녹지 않게 해 줘? 104
45. 슬러시는 액체야, 고체야? 106
46. 왜 과자 봉지에 질소를 가득 넣을까? 108

★ 비커 쌤의 와글와글 물질 세상 3 산성과 염기성은 어떻게 구분할까? 110

 **4교시 끝없는 물질의 세계**

47. 비누를 만지면 왜 손이 미끌미끌해? **112**

48. 속이 쓰릴 때 먹는 젤리가 있어? **114**

49. 물질은 왜 자꾸 모양이 변하지? **116**

50. 얼음도 물인데 왜 얼음은 물에서 뜨지? **118**

51. 방귀의 물질은 무엇일까? **120**

52. 플라스틱을 완벽하게 분해할 방법은 없을까? **122**

53. 플라스틱이 썩지 않아 문제라면 태우면 안 될까? **124**

54. 자전거 바퀴에 녹이 스는 이유는 뭐야? **126**

55. 불이 났을 때 왜 물을 뿌리지? **128**

56. 물질을 이용해서 우주에 갈 수 있다던데? **130**

57. 우리 몸에서도 화학 반응이 일어난다고? **132**

58. 수백 년이 지난 미술 작품을 어떻게 보존한 걸까? **134**

59. 물은 왜 얼었다 녹아도 그대로 물일까? **136**

60. 탄 물건을 원래대로 되돌릴 수 있을까? **138**

★ 비커 쌤의 와글와글 물질 세상 4 물질은 계속해서 발전해! **140**

♣ 초등학교 교과서와 함께 읽어요! **142**

♣ 직접 찾아가 보자! **143**

1교시

물질로 세상이 와글거려!

물질이 뭐지?

➡ **우리 주변에 존재하는 거의 모든 것!**

주변을 둘러봐요. 손을 뻗어서 만져 봐요. 책상은 딱딱하고 지우개는 물렁해요. 물컵은 단단하고 그 안에 담긴 물은 손에 잡히지 않네요. 손을 뻗고 손끝으로 감촉을 느끼는 이 순간에도 우리는 계속 공기를 들이마셔요. 물질은 우리 주변에 있는 고체와 액체, 기체를 말해요. 눈에 보이고 손에 잡히는 것은 물론이고, 눈에 보이지 않지만 우리 주위에 존재하는 공기 역시 물질이에요. 질량과 부피를 가진 모든 것이 물질이죠. 단, 열이나 빛은 물질이라고 하지 않아요. 부피와 질량이 없기 때문이에요.

질량은 물질이 가진 고유한 양, 부피는 물질이 차지하는 공간을 말해요.

물체랑 물질은 달라?

너희는 물질이야, 물체야?

➡ **물론 다르지!**

물체는 만져지는 것, 자리를 차지하는 것을 말해요. 그리고 물질은 물체를 만드는 재료를 말해요. 예를 들어, 책상은 물체예요. 비어 있던 공간을 채우고 손으로 만질 수 있어요. 그런데 책상은 무엇으로 만들어져 있나요? 책을 올려놓는 평평한 판은 나무, 책상 다리는 튼튼한 금속이에요. 그러니 책상을 이루는 물질은 나무와 금속이지요. 플라스틱 물병이 물체라면, 물병의 재료인 플라스틱은 물질이에요.

　그렇다면 세상에는 물체와 물질 중에 무엇이 더 많을까요? 바로, 물체예요. 물질을 가지고 다양한 물체를 만들 수 있으니까요.

하나 더!

이 책이 물체라면, 이 책을 만들 때 쓴 재료인 종이는 물질이에요.

03 눈에 보이지 않아도 물질일까?

➡ 보이지 않는 물질도 있어.

공기는 물질이지만 우리 눈에 보이지 않아요. 그 이유는 공기를 이루고 있는 알갱이들이 서로 멀리 떨어져서 자유롭게 운동하기 때문이에요. 공기는 질소, 산소, 이산화 탄소 등으로 이루어져 있어요. 질소, 산소, 이산화 탄소는 모두 냄새와 색깔이 없어요. 게다가 서로 멀리 떨어져 있기까지 하니 눈으로 볼 수 없는 거예요.

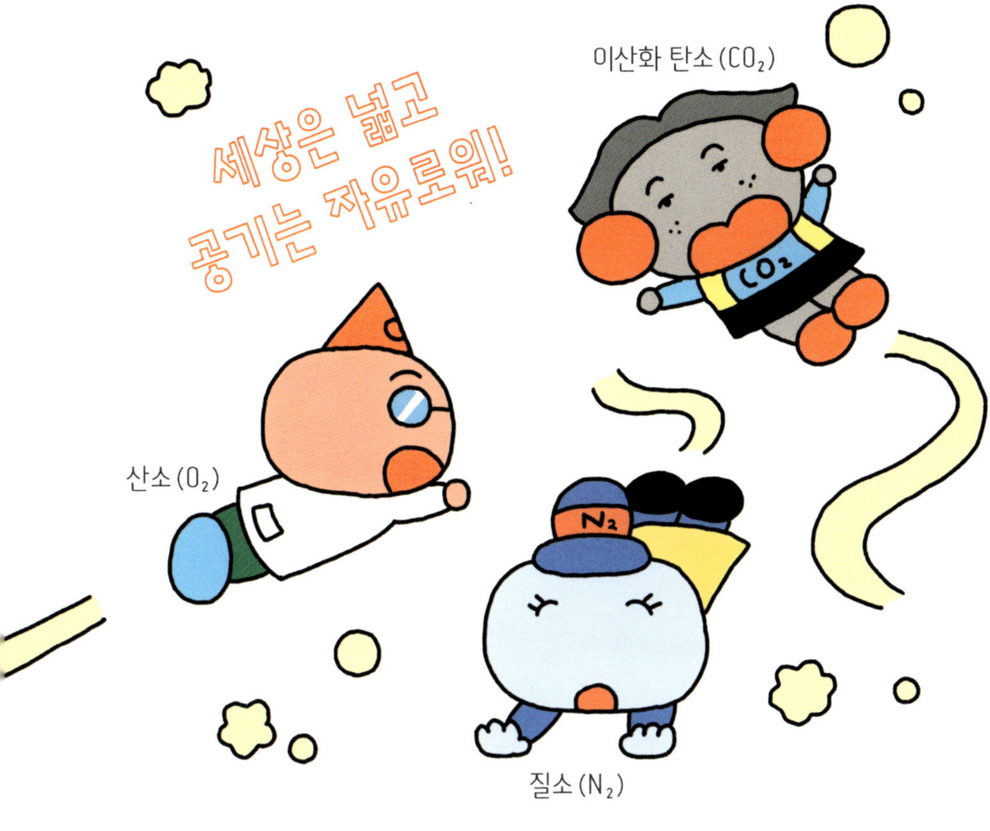

세상은 넓고 공기는 자유로워!

이산화 탄소(CO_2)

산소(O_2)

질소(N_2)

 **하나 더!**

질소, 산소, 이산화 탄소 등과 같이 공기를 이루는 물질을 기체라고 해요. 동식물이 호흡할 때 반드시 필요하지요.

공기도 무게를 잴 수 있을까?

➡ **물론이지.**

공기에 부피가 있다는 건 풍선만 불어 봐도 알 수 있어요. 고무풍선 속에 공기를 후 불어 넣으면 빵빵하게 부풀잖아요. 그럼 공기의 무게도 눈으로 확인할 수 있을까요? 페트병과 전자저울, 공기 주입 마개를 이용해 간단하게 실험해 볼 수 있어요. 페트병에 공기를 넣기 전에 전자저울을 이용해서 무게를 재요. 그다음 공기 주입 마개의 머리를 눌러 페트병 안에 공기를 더 넣고 다시 무게를 재요. 큰 차이는 아니지만 분명히 무게가 늘었다는 걸 확인할 수 있어요.

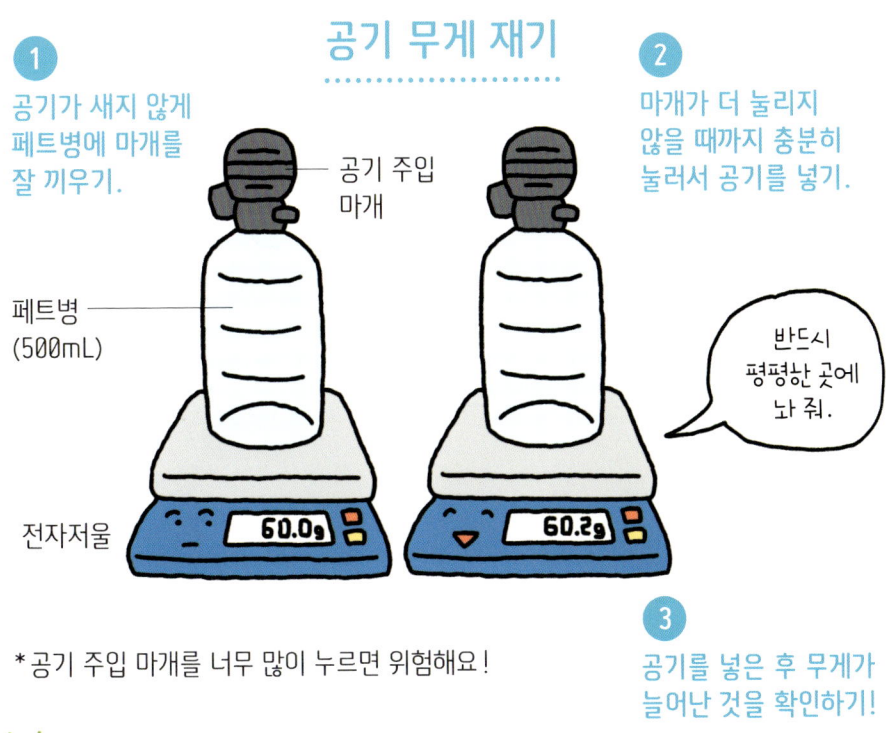

공기 무게 재기

1 공기가 새지 않게 페트병에 마개를 잘 끼우기.

페트병 (500mL)

공기 주입 마개

전자저울

2 마개가 더 눌리지 않을 때까지 충분히 눌러서 공기를 넣기.

반드시 평평한 곳에 놔 줘.

3 공기를 넣은 후 무게가 늘어난 것을 확인하기!

*공기 주입 마개를 너무 많이 누르면 위험해요!

하나 더!

우리가 공기의 무게에 눌리지 않는 건 우리 몸에서도 바깥으로 밀어내는 힘이 작용하기 때문이에요.

바람 빠진 풍선을 도로 크게 만들 수 있을까?

➡ **따뜻한 물이 있다면
다시 빵빵해질 수 있어!**

며칠 전에 불어 놓은 풍선의 바람이 빠져 버렸군요. 이럴 땐 과학 지식을 뽐내며 풍선을 다시 빵빵하게 만들어 봅시다! 기체는 온도와 압력(누르는 힘)에 따라 부피가 변하는 성질이 있어요. 여기서는 기체와 온도의 관계를 이용해 볼게요. 기체는 온도가 높아지면 부피가 커지고, 온도가 낮아지면 부피가 작아져요. 즉, 뜨거운 물로 온도를 높여 주면 풍선 속에 있던 기체 알갱이들이 에너지를 얻어 신나게 움직이죠. 그럼 풍선 속에서 바깥으로 미는 힘이 강해지면서 부피가 커지는 거예요. 반대로 하면 부피가 줄겠죠? 자, 이제 따뜻한 물을 준비해서 풍선을 부풀려 볼까요?

하나 더!

풍선이 하늘로 높이 올라가다 보면 결국엔 터져요. 위로 올라갈수록 공기가 점점 줄어들어 압력이 낮아지기 때문에 풍선 안에서 미는 힘으로 터지는 거예요.

열기구는 어떻게 하늘 위로 올라가지?

➡ 기체의 성질을 이용한 거야.

열기구

열기구는 뜨거운 공기를 이용해 공중에 기구를 띄우는 장치예요. 열기구에는 뜨거운 공기를 담는 풍선처럼 생긴 '기낭'이 있어요. 기낭 안의 공기에 열을 가하면 공기 알갱이들은 활발히 움직이면서 서로 멀어져요. 기낭은 그대로인데 공기 알갱이들이 멀어지면 어떻게 될까요? 기낭 밖보다 공기의 밀도가 낮아지겠죠? 이때 열기구가 위로 뜨는 힘이 생겨요. 쉽게 말해 기낭 안에서 공기를 이루는 알갱이들이 신나게 움직이면서 열기구를 밀어 올리는 거지요.

하나 더!

밀도는 부피당 질량을 나타내는 값이에요. 즉, 어떤 물질이 일정 공간에서 얼마나 빽빽하게 자리하고 있는지를 나타내는 값이죠.

수증기와 김은 같은 걸까?

➡ **수증기와 김은 완전 달라.**

액체인 물이 기체로 변하면 수증기가 돼요. 예를 들어, 빗물에 젖은 운동장이 금세 마르는 건 물이 수증기로 변해 날아갔기 때문이에요. 하지만 우리는 수증기를 눈으로 보지는 못해요. 반면에 김은 눈으로 볼 수 있어요. 만두 찜기의 뚜껑을 열면 하얀 김이 화악 퍼지죠? 물이 기체가 되어 공기 중으로 나왔다가 바깥 공기와 만나 식으면서 다시 작은 물방울로 변한 거예요. 따라서 김은 액체죠. 그래서 뿌옇게나마 눈에 보이는 거랍니다.

추운 날 '하!' 하고 숨을 내쉬었을 때 나오는 하얀 입김도 입 밖으로 나온 공기가 작은 물방울로 변하면서 눈에 보이는 거지요.

얼음물이 든 컵에 왜 물방울이 맺히지?

➡ **얼음물이 주변 공기의 온도를 낮춰서 그래.**

공기 중에는 언제나 수증기가 있어요. 그런데 공기의 온도가 높아지면 공기 중에 머물 수 있는 수증기의 양이 늘어나고, 온도가 낮아지면 공기 중에 머물 수 있는 수증기의 양이 줄어들어요.

더운 여름날, 컵에 차가운 얼음물을 담아 두었을 때를 생각해 보세요. 이때 컵 주변의 온도가 얼음물로 인해 낮아지겠지요? 온도가 낮아지면 컵 주변에 있던 수증기는 더 이상 공기 안에 있을 수 없어요. 그래서 물방울이 되어 컵 표면에 맺히는 거예요. 이러한 현상을 '응결'이라고 해요.

나뭇잎에 맺히는 이슬, 추운 날 창문 안쪽에 생긴 물방울도 응결로 인한 현상이에요. 끓고 있는 국의 냄비 뚜껑을 열었을 때, 뚜껑에서 물이 주르륵 떨어지는 것도 응결 때문이에요.

왜 컵에 담아 둔 물이 줄어들지?

➡ 물이 공기 중으로 탈출해서 그래.

오늘 밤 자기 전에 물을 컵에 따라 높이를 표시해 둬요. 그러고 나서 다음 날 아침에 관찰해 보세요. 물의 양이 살짝 줄어든 걸 눈으로 볼 수 있어요. 물은 어디로 갔을까요? 바로 공기 중이에요. 물의 온도가 높거나 실내가 건조하면 더 많이 줄어 있을 거예요. 이렇게 액체가 기체로 변하는 현상을 '증발'이라고 해요. 증발은 여러모로 우리 생활에서 이롭게 작용해요. 젖은 빨래를 햇볕이 드는 곳에 걸어 두면 보송보송 말라요. 신나게 놀고 난 뒤 땀으로 젖은 얼굴이 마르는 것도 증발 덕분이에요. 증발할 때 열을 빼앗아 가기 때문에 시원해지는 건 덤이에요!

하나 더!

증발 현상이 없었다면 소금, 고춧가루, 마른오징어, 말린 과일 같은 음식은 구경도 못 했을 거예요!

뜨거운 태양 아래서는 바닷물도 증발할까?

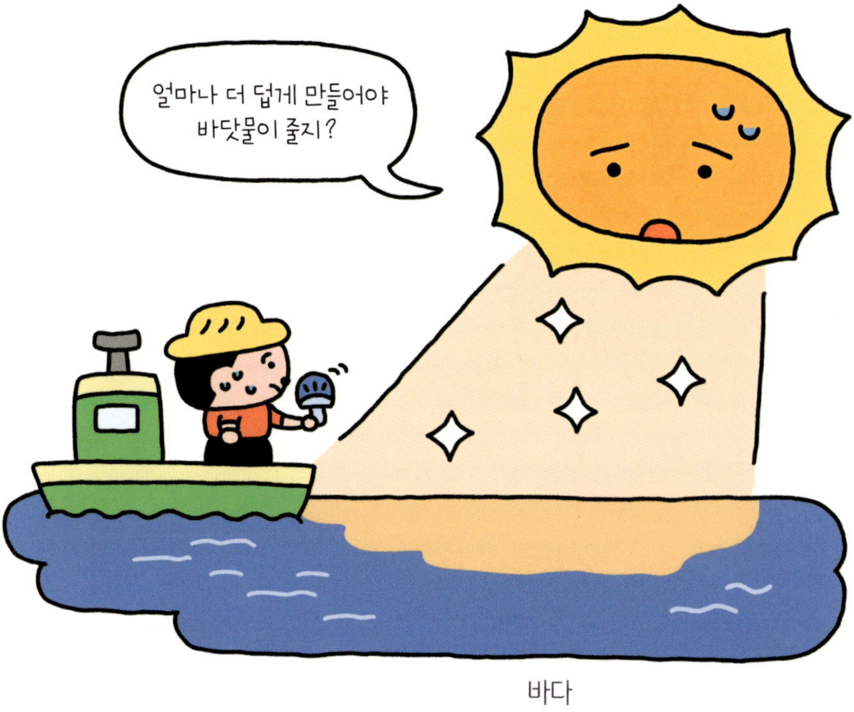

얼마나 더 덥게 만들어야 바닷물이 줄지?

바다

바닷물도 데워지면 증발해요. 그런데 바다 전체가 데워지는 건 아니랍니다. 바다의 윗부분만 데워지고 수증기로 증발하지요. 그러니 바닷물의 양이 줄었는지는 눈으로 확인하기 어렵겠지요? 하지만 증발한 바닷물이 어디로 가는지는 알 수 있어요. 수증기는 공기 중에서 구름이 되었다가 눈이나 비로 내려 강, 바다, 땅에 도착해요. 아, 염전에 가면 바닷물의 증발을 눈으로 확인할 수 있지요. 바닷물은 증발하고 소금만 남으니까요.

돌고 도는 물의 순환

수증기로 증발.

비나 눈으로 내림.

강이나 바다로 흘러 내려감.

빗물이 지하수로 이동.

하나 더!

물을 보글보글 끓였을 때 물속에 생긴 기포 역시 물이 수증기로 변하며 생긴 공기 방울이에요.

페트병에 물을 얼리면 왜 페트병이 부풀지?

얼린 생수병

➡ **부피가 늘어나기 때문이야.**

　물은 액체일 때 그릇에 따라 모습을 바꿔요. 물을 이루는 알갱이들이 자유롭게 빈틈없이 그릇을 채우기 때문이에요. 그런데 물을 냉동실에 넣어 얼리면 얼음(고체)으로 모습을 바꿔요. 이때 물 알갱이 구조가 육각형으로 변하지요. 그러면 알갱이 사이사이에 빈 공간이 생기면서 부피가 커지고, 페트병은 빵빵하게 부풀어요. 그렇지만 물의 양이 늘어나는 건 아니랍니다. 얼음을 녹이면 물 알갱이들이 다시 병에 구석구석 들어차서 원래대로 부피가 줄어들어요. 그러니 여름에 물을 얼릴 땐 페트병에 물을 가득 채우지 않는 게 좋겠지요? 페트병이 터질지도 모르니까요!

수증기(기체)가 물이 되기 전에 곧장 얼음(고체)으로 변하는 경우도 있어요. 나뭇잎에 내린 서리나 구름 속 눈 결정이 그런 경우랍니다.

물에 넣으면 뭐든 녹을까?

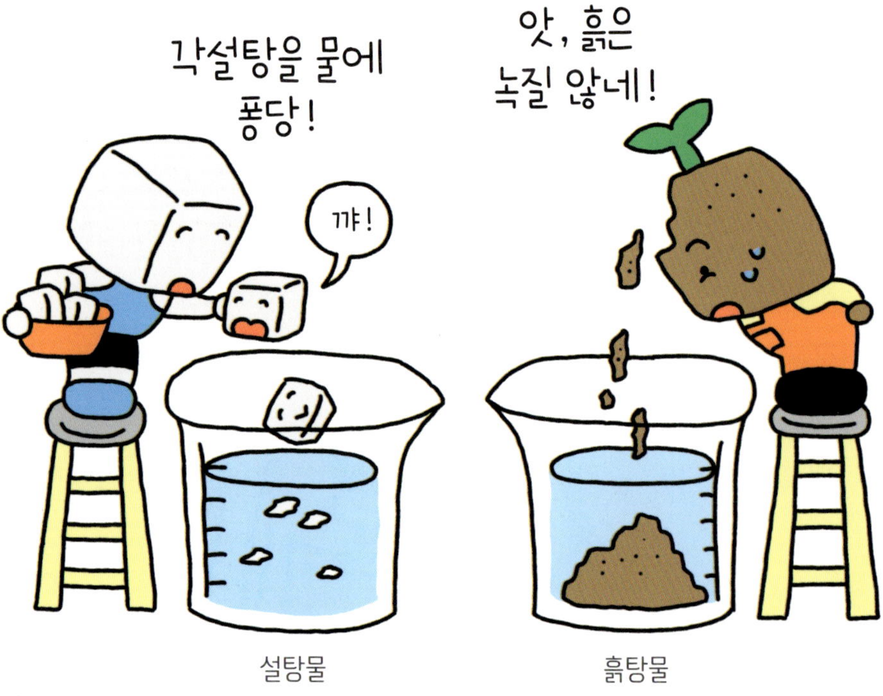

각설탕을 물에 퐁당!

꺄!

앗, 흙은 녹질 않네!

설탕물

흙탕물

➡ **물질에 따라 달라.**

설탕을 물에 넣으면 금세 설탕이 녹아 눈에 보이지 않지요. 이렇게 어떤 물질이 다른 물질에 고르게 녹는 것을 '용해'라고 해요. 그렇지만 고체라고 해서 다 물에 녹는 것은 아니에요. 수족관의 작은 돌멩이나 모래는 물에 녹지 않아요. 돌멩이나 모래를 이루는 알갱이들은 서로 끌어당기는 힘이 강해서 그래요. 그러니까 물에 넣어도 물의 알갱이와 접촉하기 매우 어려워서 녹지 않죠.

하나 더!

설탕을 물에 녹였을 때 녹아 있는 설탕을 '용질', 물질을 녹인 물은 '용매'라고 해요.

흙탕물을 깨끗하게 만들 수 있을까?

➡ **방법이 있지!**

물을 이루는 알갱이는 하나하나 눈으로 볼 수는 없어요. 하지만 흙탕물 속 모래는 알갱이가 커서 눈에 보이죠. 이 알갱이의 크기 차이를 이용해서 흙탕물을 물과 모래로 분리할 수 있어요. 방법은 여러 가지가 있답니다. 흙탕물을 오래 놔두면 모래가 가라앉는데, 그때 가만히 윗물만 그릇에 따라요. 그러면 비교적 깨끗한 물을 얻을 수 있죠. 아니면 거즈처럼 구멍이 미세한 천이나 거름종이로 흙탕물을 걸러요. 그러면 물은 빠져나가고 천이나 거름종이에 모래만 남을 거예요.

하나 더!

흙과 물이 섞여서 새로운 물질이 된 게 아니라 단지 고르지 않게 섞여 있기 때문에 걸러 낼 수 있는 거예요. 물과 기름도 섞이지 않아서 분리할 수 있고요.

슬라임은
고체야 액체야?

슬라임

➡ **둘 다 아니야.**

슬라임을 액체 괴물이라고도 부르기도 하던데 아주 딱 맞는 이름이에요. 액체인 듯 아닌 듯 수상한 물질이거든요. 담는 그릇에 따라 모습이 변하는 걸 보면 액체인 듯 보이지만 물처럼 흐르진 않아요. 그렇다고 고체도 아니죠. 형태가 변하는 데다 딱딱하지도 않으니까요. 슬라임 같은 물질을 '비뉴턴 유체'라고 해요. 너무 어렵게 들리나요? 힘을 어느 정도 가하느냐에 따라 액체 또는 고체처럼 변하는 물질이라고 생각하면 쉬워요. 집에서 간단하게 슬라임을 만들고 싶다면 79쪽에 나오는 실험에 도전해 보세요!

> 하나 더!

알갱이가 들어 있는 슬라임은 물에 흘려 하수구에 버리면 절대 안 돼요. 미세 플라스틱이 되어 강과 바다를 오염시키기 때문이에요.

비커 쌤의 와글와글 물질 세상 1
고체, 액체, 기체의 성질을 파헤치자!

먼저, 물질을 이루고 있는 아주 작은 알갱이를 소개할게요. 이 알갱이를 우리는 '원자'라고 불러요. 원자는 자기들끼리 모여서 하나의 덩어리를 이룰 수 있는데 이걸 '분자'라고 하지요. 앞에선 여러분에게 원자와 분자를 '알갱이'라고 소개했어요. 하지만 이제부터는 '분자'라는 이름을 기억해 줘요! 분수 아니고, 분식 아니고 분자!

세상은 원자가 모여 만들어진 물질로 이루어져 있어요. 물질은 대부분 고체, 액체, 기체 세 가지 상태 중 하나로 존재해요. 고체는 모양이 변하지 않고 손에 잡혀요. 비커나 책처럼요. 액체는 담는 그릇에 따라 모양이 바뀌지요. 주르륵 흐르고요. 물, 주스 같은 것들이 액체예요. 기체는 대부분 눈에 보이지 않아요. 하지만 공기 중에 분명 존재하고 있어요. 산소, 수소 등이 기체지요.

물질에는 저마다 고유한 특징이 있어요. 질량과 부피가 대표적인 특징이지요. 질량은 물질의 양을 뜻하는데 킬로그램(kg)이나 그램(g)이라는 단위로 나타내요. 부피는 물질이 차지하는 공간의 크기예요. 세제곱미터(㎥)나 밀리리터(mL) 단위를 사용해요.

세상은 눈에 보이지 않는 작은 알갱이들이 와글와글 모여 이루어져 있어요. 저마다 가지고 있는 특징을 한껏 드러내면서 말이에요. 물질에 대해 잘 알수록 이 세상의 모습이 더 선명하게 보일 거예요!

2교시

마법 같은 물질의 변신!

돌멩이를 쪼개고 쪼개면 뭐가 남아?

➡ **더 이상 쪼갤 수 없는 원자!**

아주 오래전부터 사람들은 물질의 가장 작은 단위는 무엇인지 무척 궁금해했어요. 바위를 쪼개고 쪼개면 돌멩이가 되고 모래알이 되듯이 물질을 쪼개고 쪼개다 보면 더 이상 쪼갤 수 없는, 아주 작고 단단한 알갱이가 있을 거라고 생각했지요. 그 알갱이를 '원자'라고 불러요. 원자는 모든 물질의 기본 성분이에요. 그리고 원자들은 서로 뭉치면 특정한 성질을 갖는 알갱이가 되는데, 그 알갱이를 '분자'라고 해요.

우리는 물을 이렇게 표현할 수 있어요. 물은 물 분자로 이루어져 있다. 그리고 물 분자(H_2O)는 수소 원자(H) 2개와 산소 원자(O) 1개로 이루어져 있다! 또는 이렇게도 말해요. 물 분자를 구성하는 원소는 수소와 산소다!

하나 더!

20세기 들어 원자보다 더 작은 쿼크 같은 입자들이 있다는 게 밝혀졌어요.

물질은 어디서 왔지?

물 분자(H_2O)

➡ **우주 대폭발에서 왔지!**

　오래전부터 사람들은 물질이 어디에서 왔는지 궁금해했어요. 오늘날에는 물질의 시작점을 빅뱅 우주론으로 설명해요. 빅뱅 우주론에서는 빅뱅이라는 대폭발이 일어나서 우주가 탄생하고 물질이 만들어졌다고 이야기해요. 이 물질들이 서로 반응하고 뭉치고 하면서 지금 우리가 살아가는 지구가 된 거죠. 그리고 인간은 원소니 원자니 하는 물질의 단위들을 발견하고 이를 삶에 이롭게 발전시켜서 현재 우리가 살고 있는 사회를 만들었고요. 과학자들은 지금까지도 우주와 물질이 어떻게 시작됐는지 더 명확하게 알기 위해 치열하게 연구하고 있어요.

빅뱅 우주론은 현재까지 가장 강력한 증거를 가지고 있는 '가설'이에요. 가설이란 주어진 증거들을 바탕으로 어떤 사실을 설명하는 것이지요.

옛날엔 금을 만들려고 했다는데?

➡ **사실이야! 실패했지만.**

고대 학자들은 주변에서 볼 수 있는 흔한 금속을 금으로 바꿀 수 있다고 믿고 '연금술'이라는 화학 기술을 연구했어요. 금을 만들어서 부자가 되고자 한 사람도 있었지만, 금이라는 완벽한 금속을 만들면 자신도 완벽해질 거라고 믿는 사람도 있었어요. 결국 금속을 금으로 만드는 데는 실패했어요. 하지만 이때 개발한 실험 도구나 기술들이 현대 과학의 발판이 되었어요. 지금은 다른 금속을 금으로 만들 수 있을 만큼 기술이 발달했어요. 하지만 비용이 너무 많이 들어서 웬만해서는 그 방법으로 금을 만들지 않지요.

이토록 금의 가치가 높은 이유는 매장량이 한정되어 있고, 쉽게 가공할 수 있으면서도 녹슬지 않는 특성을 가지고 있기 때문이에요.

온도의 단위는 누가 정한 거야?

➡ 천문학자 셀시우스야.

온도를 표현하는 대표적인 단위로 섭씨(℃)와 화씨(℉)를 꼽을 수 있어요. 우리나라에서는 주로 섭씨온도 단위를 사용해요. '섭씨'는 안데르스 셀시우스라는 과학자의 이름을 중국에서 표기한 그대로 들여와 발음한 거예요. 셀시우스는 물의 끓는점과 어는점을 고정점으로 정하고, 이 사이를 100개로 나누어 사용하자고 제안했어요. 이것이 조금씩 변형되어 오늘날 온도계의 모습을 갖추게 되었어요.

안데르스 셀시우스

하나 더!

미국을 비롯한 일부 나라에서는 화씨온도를 써요. 화씨에서 0도(℉)는 섭씨로 영하 17.7도(℃)예요.

물은 몇 도까지
끓을 수 있어?

온도계

물

➡ **100도. 딱 거기까지만!**

물을 가열하면 100도에서 보글보글 끓기 시작해요. 그리고 여기에서 더 오르지 않고 유지되지요. 이 지점을 '끓는점'이라고 해요. 그런데 여기에 조건 하나가 덧붙어요. '1기압에서'라고 말이에요. 기압은 공기가 누르는 힘을 뜻하는데, 높은 곳으로 올라갈수록 기압은 낮아져요. 공기가 줄어들기 때문에 공기가 누르는 힘도 줄어드는 거죠. 그래서 산꼭대기에서 물을 가열하면 100도보다 낮은 온도에서 끓기 시작해 더 빨리 끓어요. 반대로 기압이 높아지면 100도보다 높은 온도에서 물이 끓지요.

> 하나 더!

끓는점은 물질마다 달라요. 콩기름 같은 식용유는 끓는점이 200도 이상이에요. 이를 이용하면 높은 온도에서 빠르게 음식을 익힐 수 있지요.

물이 꽁꽁 얼려면
몇 도까지 내려가야 해?

➡ **0도 아래로 내려가야지.
그러나 예외도 있어.**

물은 온도계가 0도 아래인 영하로 내려가면 얼기 시작해요. 겨울철에 기온이 영하로 내려가면 웅덩이나 강도 얼어요. 그런데 바닷물이 꽁꽁 언 걸 본 적 있나요? 바닷물은 어는점이 2도 정도 더 낮긴 하지만 그보다 더 추운 날씨에도 얼지 않지요. 바닷물은 양이 너무 많아서 전체가 다 얼기도 전에 봄이 와 버리거든요. 게다가 바다에는 해류*와 파도가 있어서 계속 크게 움직이기 때문에 완전히 얼기가 힘들어요.

*해류 : 지구의 자전이나 바람, 밀도에 영향을 받아 바닷물이 일정한 방향으로 이동하는 것.

하나 더!

극지방의 바다는 예외예요. 온도가 너무 많이 내려가서 바닷물이 얼어 해빙이 되지요.

불꽃놀이의 불꽃 색깔은 색소로 내는 건가?

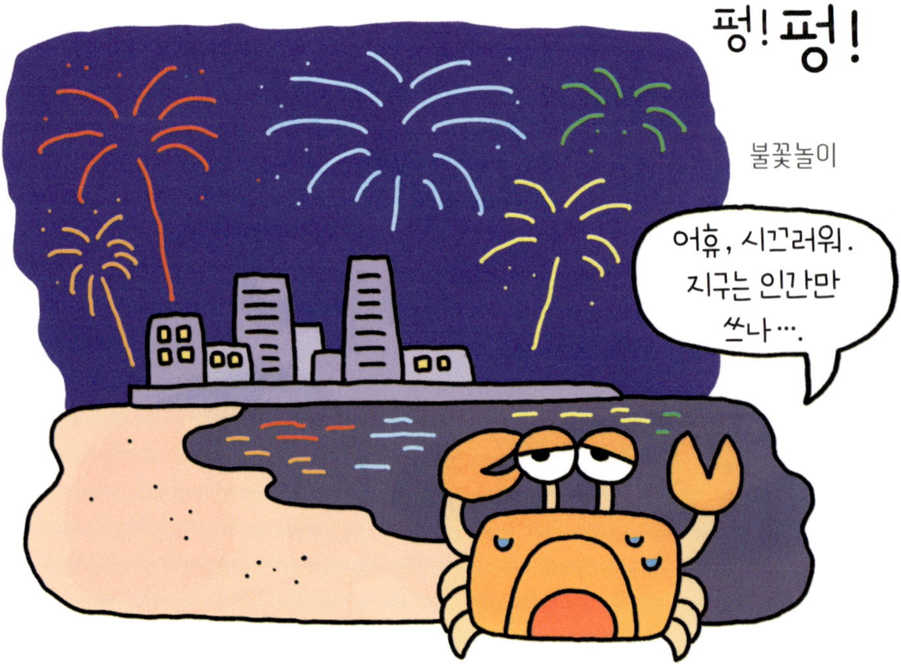

펑!펑!

불꽃놀이

어휴, 시끄러워. 지구는 인간만 쓰나….

➡ **아니, 금속이 타면서 색색의 불꽃 탄생!**

불꽃놀이할 때 쓰는 화약은 화학 물질이 금속과 만나 탈 때 일어나는 반응을 이용한 장치예요. 화약에 특정 금속을 넣어서 색색의 불꽃을 만들지요. 칼슘을 넣으면 주황색, 바륨을 넣으면 녹색, 구리를 넣으면 파란색 등을 낼 수 있어요. 이게 공중에서 터지면서 화려한 불꽃놀이가 탄생해요. 하지만 화약이 터지면서 화학 물질과 중금속이 나오기 때문에 주변 공기의 질이 나빠지기도 해요.

불꽃놀이용 화약

하나 더!

폭죽을 터트릴 때 큰 소리가 나고 빛이 번쩍거리기 때문에 야생 동물은 스트레스를 받아요.

알코올 솜이 피부에 닿으면 왜 차갑지?

➡ 알코올이 증발하면서 열을 빼앗기 때문이야.

주사를 맞으러 가면 알코올 솜으로 주사 맞을 부위를 문지르지요? 알코올로 세균을 죽여 감염을 막기 위해서예요. 이때 잠시 차가운 느낌이 드는 이유는 알코올이 빠르게 증발했기 때문이에요. 액체가 증발할 때는 주변의 열을 함께 끌고 간다고 했죠? 그래서 잠깐 동안 알코올 솜을 문지른 부위가 차갑게 느껴지는 거예요.

하나 더!

열이 날 때 이마에 젖은 수건을 올려놓으면, 물이 증발하면서 열을 끌고 가 우리 몸의 열을 내려 주지요.

범죄 수사를 돕는 루미놀 용액은 어떤 물질이야?

➡ **혈액과 화학 반응을 일으키는 물질이야.**

추리 소설을 좋아하는 어린이라면 루미놀에 대해 들어 봤을 거예요. 루미놀 용액은 혈액 속에 있는 철분과 만나면 반응하는 물질이에요. 혈흔(피가 묻은 자국)이 있는 곳에 루미놀 용액을 뿌린 뒤에 주변을 어둡게 하면 피가 묻어 있던 곳만 청백색 빛을 띠지요. 아무리 오래된 혈흔이라도, 걸레로 싹싹 닦아 냈더라도, 극히 적은 혈흔이라 하더라도 루미놀 용액은 귀신같이 범죄의 단서를 찾아낸답니다. 물질의 특성을 이용하면 범인도 잡을 수 있다는 말씀!

하나 더!

국립과학수사연구원에서는 루미놀 반응 말고도 지문 분석, 영상 판독, 유해 물질 연구 등을 활용해 사건을 수사해요.

손 소독제는 보호막 역할을 하는 걸까?

➡ 아니, 세균과 바이러스를 무찌르는 강력한 무기야!

코로나19가 발생한 이후로 손 소독제를 자주 쓰게 되었지요. 손 소독제에는 에탄올이라는 물질이 들어 있어서 세균이나 바이러스를 없애는 역할을 해요. 세균은 세포라서 막이 있고, 그 안에 단백질로 된 물질이 있어요. 바이러스도 외피(겉껍질)로 보호되고 있고요. 에탄올은 세균의 세포막이나 바이러스의 외피를 파괴하는 능력이 있어서 손에 묻어 있는 세균이나 바이러스를 죽일 수 있어요. 물론 모든 바이러스를 없앨 수 있는 건 아니지요. 세균의 세포막까지 녹이는 강력한 소독제가 사람의 피부 세포까지 파괴하면 어떡하냐고요? 사람의 피부 겉 표면은 표피층이 보호하고 있어서 안심해도 돼요.

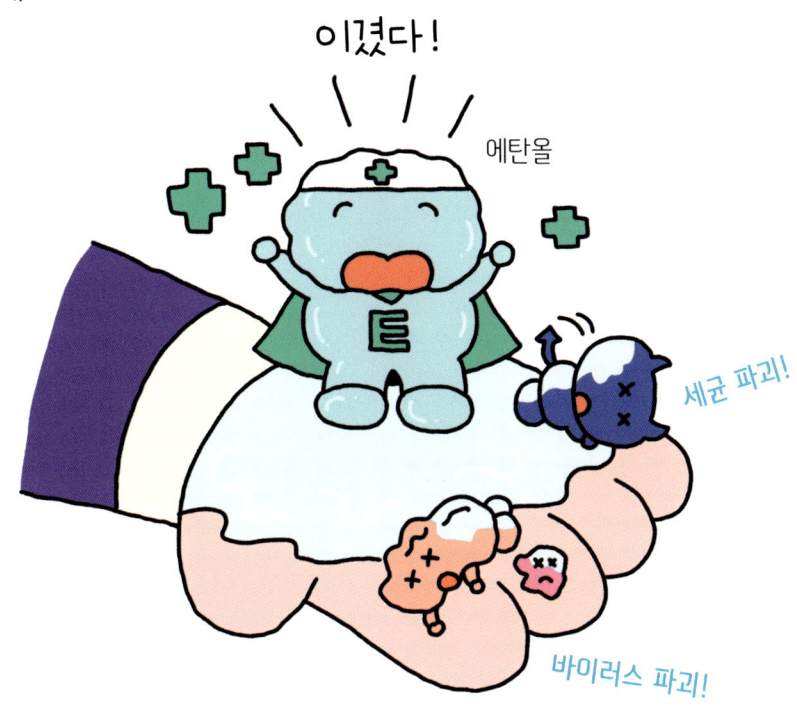

하나 더!

손 소독제는 너무 자주 쓰거나, 눈이나 혀에 닿으면 다칠 수 있으니 주의해야 해요.

피가 파란색인 동물이 있다고?

➡ 파란색뿐만 아니라 다양해.

피는 동물의 몸속에서 산소를 운반해요. 이때 어떤 물질이 산소를 운반하느냐에 따라 피의 색이 결정돼요. 사람의 피에는 '헤모글로빈'이라는 성분이 있는데, 이 성분이 산소와 만났을 때 빨갛게 변해요. 그래서 사람의 피는 빨갛게 보이는 거지요. 갯벌 생물인 갯지렁이 경우에는 '클로로크루오린'이라는 물질을 가지고 있어서 피가 초록색이에요. 또한 문어나 오징어, 투구게 등의 피에는 산소를 운반하는 '헤모시아닌'이라는 물질이 있어요. 이 물질은 산소와 결합하면 파란색으로 보이지요.

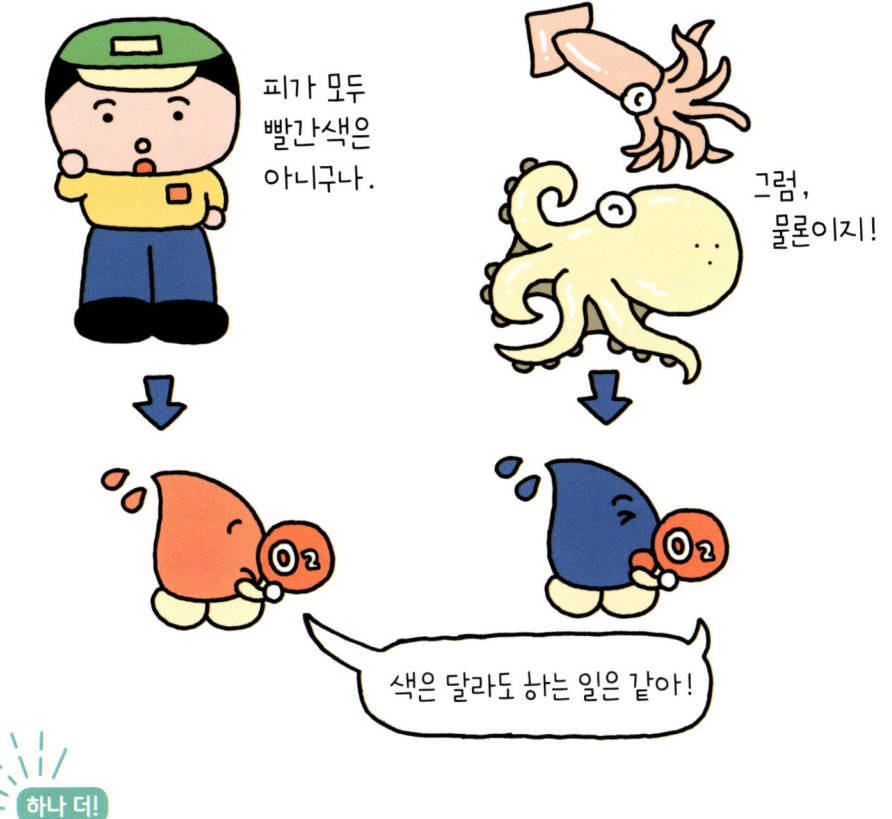

하나 더!

산소를 운반하는 물질이 동물마다 다른 것은 동물이 살아가는 환경과 연관이 있어요.

물방울은 정말 둥근 모양이야?

➡ **나뭇잎에 맺힌 이슬을 봐!**

흔히 '물방울무늬'라고 하면 자연스레 위쪽은 뾰족하고 아래만 볼록한 모양을 떠올리게 돼요. 이건 과학적으로도 증명된 모양이에요! 액체는 동그란 모양을 유지하려고 하는 성질이 있어요. 그게 표면이 덜 드러나는 안정적인 형태거든요. 그런데 물방울이 커지면 중력의 영향을 받아 아래쪽으로 불룩하게 처지고 위쪽은 뾰족해지지요. 이때 자연스레 물방울무늬 모양이 만들어진답니다.

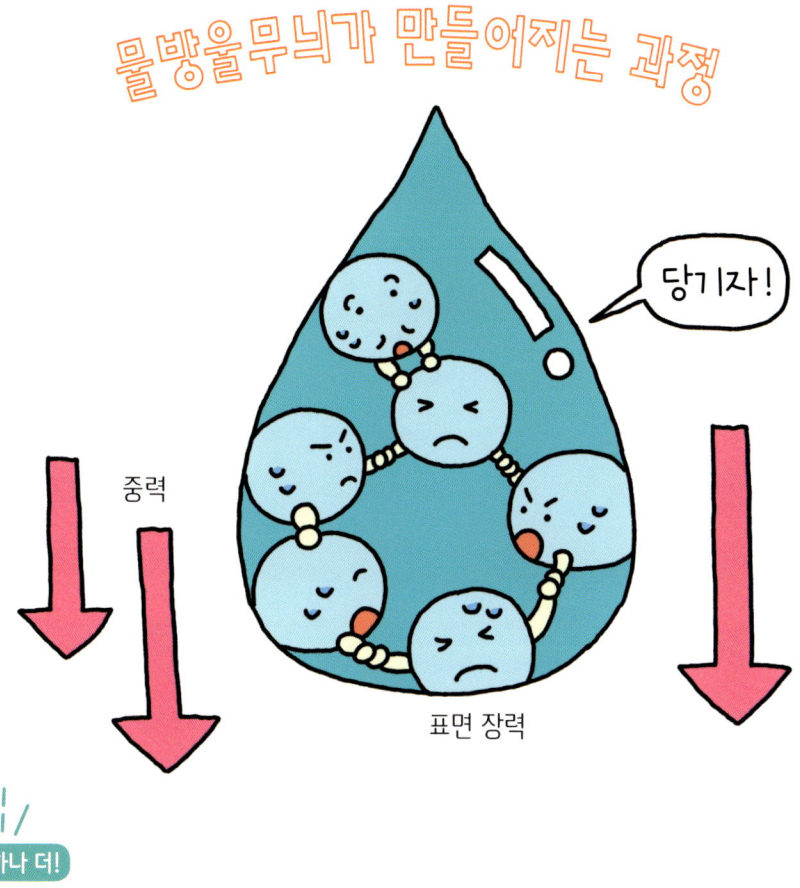

물방울무늬가 만들어지는 과정

당기자!

중력

표면 장력

하나 더!
물방울 분자들은 형태를 유지하기 위해 서로를 잡아당기는데 이 힘을 '표면 장력'이라고 해요.

왜 바닷물에서는 몸이 더 잘 뜨지?

➡ 소금 등이 녹아 있어서 그래.

수영을 못하더라도 사람의 몸은 물에 둥둥 뜰 수 있어요. 물이 밀어 올리는 힘(부력)이 중력보다 크기 때문이지요. 그런데 수영장에서 수영할 때보다 바닷물에서 수영할 때 몸이 더 쉽게 뜨는 걸 느낄 수 있어요. 바닷물에는 소금을 비롯해서 여러 가지 무기질이 녹아 있기 때문이에요. 순수한 물보다 무거워 부력이 더 큰 거지요.

> **하나 더!**
> 잠수함은 부력의 원리로 만든 배예요. 잠수함 속에는 탱크가 있는데 여기를 비우면 물에 뜨고 탱크에 물을 채우면 가라앉아요.

제습제는 어떻게 물을 빨아들이는 거야?

➡ 물을 너무 좋아하는 물질이 들어 있어.

장마철에 제습제를 옷장에 넣어 두면 얼마 뒤 찰랑찰랑 물로 가득 차지요. 제습제는 염화 칼슘이라는 물질로 만들어요. 이 물질은 물을 너무나 좋아해서 자꾸만 물을 흡수하려고 해요. 그래서 공기 중의 수분을 흡수하고 결국 액체가 되고 말아요. 염화 칼슘은 물에 녹을 때 따뜻해지고, 물이 얼지 못하게 도와주는 성질도 있어요. 그래서 눈이 오는 날 제설 작업을 하기 위해 도로에 염화 칼슘을 뿌리지요.

염화 칼슘 ($CaCl_2$)

도로에 염화 칼슘을 너무 많이 뿌리면 아스팔트와 금속을 부식시키고 물을 오염시킬 수 있어서 주의해야 해요.

수영장에서 나는 이상한 냄새의 정체는?

동물 염소 말고 '염소'라는 이름을 가진 물질 이야기예요. 염소는 원래 기체예요. 하지만 물에 잘 녹는 성질이 있고, 동시에 세균을 죽이는 능력을 가지고 있어요. 그래서 가정에서 쓰는 수돗물이나 수영장 물을 소독할 때 염소가 포함된 소독제를 사용해요. 수돗물에서 나는 염소 냄새가 싫다면 그릇에 담아 공기 중에 그대로 두거나 끓여 보세요. 염소는 기체라 쉽게 공기 중으로 날아가니까 금세 사라진답니다.

하나 더!

청소용 세제 중에도 염소가 들어 있는 제품이 있어요. 색이 있는 옷에 염소 성분의 세제가 묻으면 그 부분이 하얗게 변하니 조심해야 해요.

비커 쌤의 와글와글 물질 세상 2
끓는점, 어는점, 녹는점마다 변신하자!

물질마다 가지고 있는 개성을 잘 이해하면 삶에 다양하게 이용할 수 있어요. 이번에는 끓는점, 어는점, 녹는점에 대해 알아볼게요. 끓는점은 액체가 기체로 변화하는 온도, 어는점은 액체가 고체로 변화하는 온도, 녹는점은 고체에서 액체로 변화하는 온도를 말해요. 그런데 앞에서 말했듯이 그 온도는 물질마다 달라요.

예를 들어 물은 섭씨 100도에서 끓고 0도에서 얼어요. 그런데 에탄올은 78.4도 정도에서 끓어요. 어는점은 영하 114.1도로 물에 비해 무지하게 낮지요.

만일 두 종류 이상의 물질이 섞여 있다면 어떻게 될까요? 이런 물질을 '혼합물'이라고 해요. 소금물이나 설탕물이 그런 예지요. 혼합물은 끓는점이 올라서 더 높은 온도가 되어야 끓기 시작해요.

이러한 물질의 성질은 우리 생활의 다양한 분야에서 이용돼요. 땅에서 파낸 원유는 끓는점의 차이를 이용해서 경유, 휘발유 등으로 분리할 수 있어요. 소방관이 입는 방화복은 녹는점이 아주 높은 물질로 만들어서 뜨거운 열을 견디도록 도와줘요.

물질을 알면 새로워지는 맛

라면을 더 쫄깃하게 끓이는 방법은?

➡ **가루수프부터 넣자!**

물의 끓는점은 100도지만 가루수프를 먼저 넣고 끓이면 끓는점이 올라가서 100도보다 조금 더 높은 온도에서 끓어요. 이때 면을 넣으면 면이 빠르게 익겠지요? 면이 수분을 많이 흡수하기 전에 익어 버리기 때문에 훨씬 쫄깃한 라면을 끓일 수 있을 거예요. 반면에 이론과 상관없이 수프를 나중에 넣어야 더 맛있다는 의견도 있어요. 어쩔 수 없이 라면을 두 가지 방법으로 끓여 비교해 보는 수밖에 없겠어요!

하나 더!

끓는다는 것은 액체 상태에서 분자들이 서로 붙잡는 힘을 끊고 상태 변화를 한다는 의미이기도 해요.

슬라임을 집에서 만들 수도 있을까?

➡ **주방에 있는 재료로 만들 수 있어.**

슬라임 놀이를 하려면 액체 같기도 하고 고체 같기도 한 물질이 필요하죠. 물에 전분을 타면 비슷한 느낌이 날 거예요. 전분을 넉넉하게 준비해서 충분한 물을 넣고 잘 섞어요. 만든 물질을 슬쩍 만져 보면 액체처럼 느껴지지만 강한 힘으로 빠르게 탁 치면 딱딱해져요. 강한 힘을 주면 물은 주변으로 빠지고 전분끼리만 뭉쳐서 고체처럼 느껴지는 거죠. 아주 넓은 통에 물과 전분을 섞은 다음 그 위를 빠르게 걸어간다면 마치 물 위를 걷는 것처럼 느껴질 거예요. 이러한 물질을 '우블렉'이라고 해요.

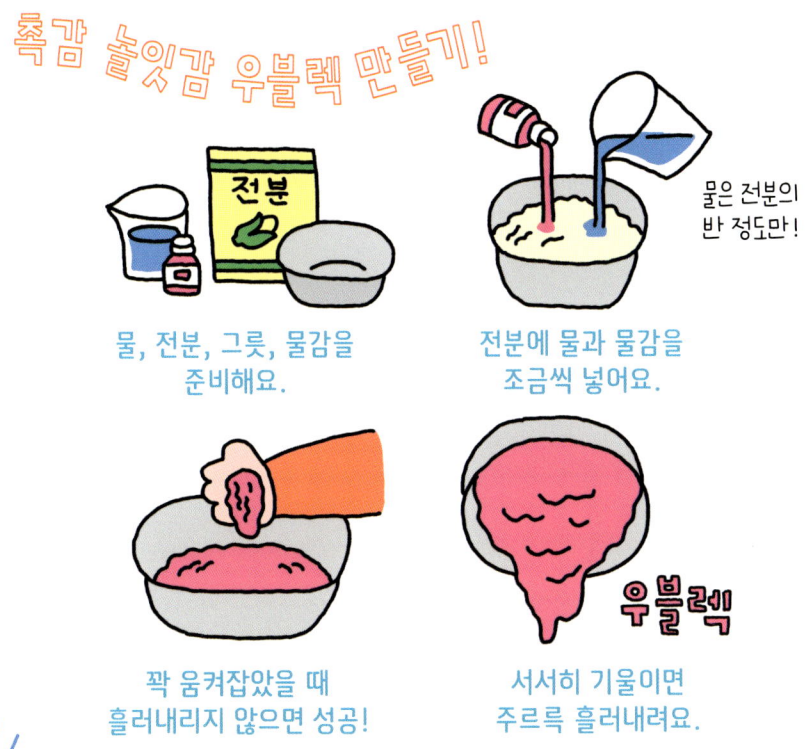

촉감 놀잇감 우블렉 만들기!

물, 전분, 그릇, 물감을 준비해요.

전분에 물과 물감을 조금씩 넣어요.

물은 전분의 반 정도만!

꽉 움켜잡았을 때 흘러내리지 않으면 성공!

서서히 기울이면 주르륵 흘러내려요.

우블렉

하나 더!

우블렉이라는 이름은 동화 『바르톨로뮤와 우블렉』에 등장하는 끈적거리는 초록 물질의 이름에서 따 왔어요.

우유로 어떻게 요거트를 만들지?

➡ 발효 덕분이야.

요거트는 '걸쭉해지다'라는 뜻의 튀르키예어에서 유래했어요. 우리가 흔히 접하는 요거트는 대부분 우유를 발효시켜 만들지만, 양젖이나 물소젖, 말젖 등 다양한 동물의 젖으로도 만들어요. 40도 안팎의 온도로 데운 원유에 유산균을 넣으면 유산균은 원유 속에 있는 '유당'이라는 물질을 먹이로 삼아서 마구 늘어나요. 이러한 발효 과정에서 생긴 산과 우유 속 단백질이 만나 응고*되면서 걸쭉한 요거트가 되지요.

*응고: 액체가 엉켜서 굳는 현상.

하나 더!

발효는 미생물을 이용해 유기물을 분해하여 인간에게 이로운 물질을 만드는 과정이에요. 된장, 김치, 청국장이 대표적인 발효 식품이지요.

탄산음료에는 왜 공기 방울이 들어 있어?

이산화 탄소(CO_2)   탄산음료

➡ **이산화 탄소가 물에 녹아 있으니까.**

탄산음료는 물에 이산화 탄소를 녹여 만들어요. 이산화 탄소가 물과 반응하여 탄산이 만들어지거든요. 이때 큰 압력으로 넣어야 이산화 탄소가 물과 잘 결합해요. 그래서 탄산음료 병 안은 압력이 높은 상태예요. 그러다 뚜껑을 열면 안에 녹아 있던 이산화 탄소가 빠져나가면서 치익 하는 소리가 나는 거죠.

　탄산음료에서 볼 수 있는 동그란 공기 방울은 물에서 벗어난 이산화 탄소예요. 물을 싫어해서 물과 닿는 면을 최대한 줄이려고 몸을 말았다고 생각하면 돼요.

탄산음료는 3~4기압 정도 되는 압력으로 페트병에 보관해요. 바깥의 압력과 차이가 있기 때문에 병이 팽창할 수 있어서 생수병보다 단단한 페트병을 써요.

생선에 왜 레몬즙을 뿌리지?

➡ **비린내를 없애려고 뿌리지.**

비린내는 트리메틸아민 같은 성분 때문에 느끼게 되는 불쾌한 냄새예요. 이는 모두 염기성 물질이에요. 염기성 물질인 비린내를 잡으려면 산성 물질이 필요해요. 염기성 물질과 산성 물질이 만나면 중화 반응이 일어나 각각의 성질을 잃고 중성이 되거든요. 음식으로 먹을 수 있는 대표적인 산성 물질은 식초나 레몬즙, 신김치 등이 있어요. 그중에서 생선과 맛이 어우러지는 레몬즙을 뿌리는 거지요.

 하나 더!

음식 자체에 염기성 물질이 있는 경우는 거의 없고, 빵을 구울 때 쓰는 베이킹파우더나 비누, 샴푸 등이 흔히 볼 수 있는 염기성 물질이에요.

35

뜨거운 음식에 플라스틱 제품을 쓰면 왜 위험해?

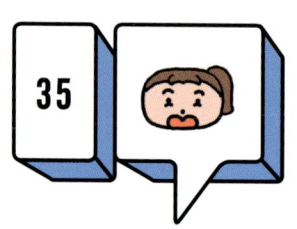

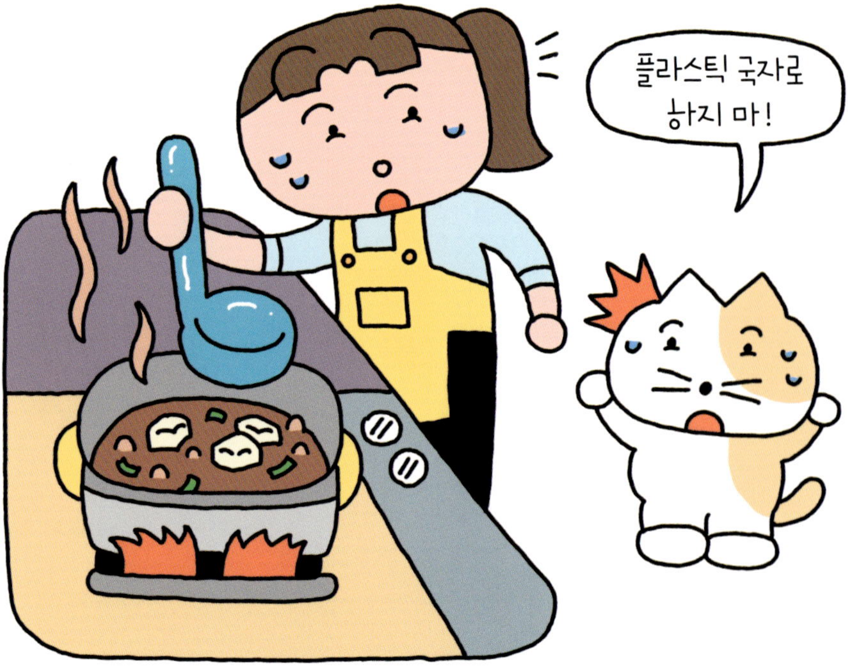

➡ 환경 호르몬 때문이야.

어떤 플라스틱은 뜨거운 온도에서 환경 호르몬(내분비 교란 물질)을 내보내요. 프탈레이트나 비스페놀 에이(BPA) 같은 물질이죠. 환경 호르몬은 우리 몸속에서 여러 기능을 유지하게 돕는 호르몬의 일을 방해해서 면역, 생식 기능 등에 나쁜 영향을 주지요. 그러니 가능한 한 플라스틱보다는 도자기나 유리, 스테인리스 재질로 된 그릇이나 조리 도구를 사용하는 게 좋아요.

하나 더!

플라스틱 용기를 오래 사용하면 용기에 미세한 흠집이 생기는데 거기서도 환경 호르몬이 나올 수 있어요.

두부는 어떻게 만들어?

➡ **콩에 있는 단백질을 응고시켜서!**

두부는 콩을 갈고 삶아서 거른 콩물로 만들어요. 여기에 간수라는 소금물을 넣으면 콩물이 덩어리지기 시작하고, 이것을 잘 굳히면 두부가 되지요. 간수는 염기성 용액으로 단백질을 덩어리로 만드는 역할을 해요. 콩에는 '밭에서 나는 고기'라고 할 만큼 단백질이 많아요. 단백질은 환경에 따라 형태가 쉽게 바뀌는데 이 성질을 이용해 두부를 만드는 거죠.

전기 맷돌

하나 더!

치즈도 단백질을 응고시켜서 만드는 음식이에요. 단, 치즈의 재료인 동물의 젖에는 산성 물질을 넣어야 굳는답니다.

잼은
왜 끈적거리지?

➡ **펙틴 때문이야.**

잼은 대부분 과일로 만들어요. 딸기, 포도, 오렌지 같은 과일들이 대표적이죠. 여기에는 공통점이 하나 있어요. 펙틴이라는 물질이 들어 있다는 거예요. 펙틴은 식물이나 과일의 단단함을 결정하는 물질이에요. 잼을 만들 때 과일에 설탕을 넣고 푹 끓이는데, 이때 과일 안의 수분이 빠져나오면서 펙틴 분자들이 서로 엉켜요. 그래서 잼이 끈적끈적해지는 거지요.

하나 더!

과일에 설탕을 듬뿍 넣고 오래 끓여서 수분이 졸아들면 미생물이 살지 못해서 잼을 오래 보관할 수 있어요.

매운 음식을 먹으면 진짜 스트레스가 풀릴까?

➡ 누군가에겐 고통,
　누군가에겐 기쁨이겠지.

매운맛은 '캡사이신'이라는 화학 물질 때문에 느끼는 거예요. 몹시 매운 음식을 먹으면 입안이 얼얼하면서 코 밑에 땀이 맺히고 몸에서 열이 나지요? 사실 이건 맛을 느낄 때가 아니라 고통을 느낄 때 나타나는 현상이에요. 그런데 우리 몸은 고통을 느낄 때 '엔도르핀'이라는 물질을 내보내요. 통증을 없애기 위해서죠. 결국 우리는 엔도르핀 덕분에 '매운 음식은 스트레스 해소제'라고 생각하는 거예요.

물 분자(H_2O)

매워서 혀가 얼얼할 땐 물보다는 우유를 마시는 게 효과적이에요. 캡사이신은 물에는 녹지 않지만 지방에는 잘 녹으니까요.

사과를 깎아 놓으면 왜 갈색으로 변하지?

➡ **산화 작용 때문이야.**

사과나 배 같은 과일을 깎아 놓으면 갈색으로 변하죠? 이런 갈변 현상은 산화 작용 때문에 생겨요. 과일 속에 있던 어떤 성분이 공기 중에 있는 산소와 만나 화학 반응을 일으키는 거죠. 갈변을 어느 정도 막을 수 있는 방법을 몇 가지 알려 줄게요. 과일을 소금물에 담그면 산소와 닿는 걸 막아 줘요. 설탕물을 바르면 과일 표면을 살짝 코팅해서 산소와 덜 만나게 해 주죠. 랩을 씌우는 방법도 같은 원리예요. 그렇지만 가장 좋은 방법은 뭐니 뭐니 해도 바로 먹는 거예요!

과일의 갈변 현상을 막아 보자!

- 소금물에 담가요.
- 설탕물을 발라요.
- 랩을 씌워요.

하나 더!

깎지 않은 사과는 껍질이 산소를 차단하는 역할을 하기 때문에 갈변이 일어나지 않아요. 산소를 막아 주는 옷을 입은 셈이지요.

40 음식에 든 화학 물질은 안전할까?

소시지나 햄, 냉동 만두 같은 음식들에는 엄청나게 다양한 식품 첨가물이 들어 있어요. 향이나 맛, 특정 식감(음식을 씹을 때 나는 느낌)을 내는 데 쓰이고, 오래 보관하려고 넣기도 해요. 식품 첨가물은 인체에 해가 없는지 엄격하게 시험해서 적당한 양을 넣기 때문에 그 자체만으로 위험하다고 말하기는 어려워요. 하지만 사람이 일생 동안 식품 첨가물을 지나치게 많이 먹는다면 어떤 문제가 생길지 아직 확실히 알지 못해요. 게다가 질이 낮은 재료에 식품 첨가물을 넣어 근사한 음식으로 둔갑시키는 경우가 많아요. 그래서 식품 첨가물보다 음식의 질이 문제가 되기도 해요.

소시지나 햄을 꼭 먹고 싶다면 끓는 물에 몇 분 데쳐서 먹는 방법도 있어요. 그러면 식품 첨가물을 어느 정도 없앨 수 있지요.

양파를 자르면 왜 눈물이 나?

➡ **양파 세포가 파괴되면서 나오는 물질 때문이야.**

양파를 자르면 양파 세포가 파괴되면서 효소에 의해 화학 반응이 일어나요. 이때 매운 성분이 공기 중으로 날아가지요. 그 물질이 눈물샘을 자극해서 눈물이 나는 거예요. 이런 물질은 식물이 자신을 보호하기 위해 내뿜는 무기 같은 거예요. 자신의 세포가 파괴됐을 때 상대에게 나름의 공격을 하는 거지요. 양파의 공격을 피하려면 잘 드는 칼로 양파를 손질하세요. 세포 파괴를 줄일 수 있어서 눈이 덜 따가워요. 또, 양파를 찬물에 잠시 담가 두는 방법도 있어요. 양파 세포가 손상될 때 나오는 효소는 낮은 온도에서 활발하게 활동하지 않아 눈이 덜 매울 거예요.

눈을 맵게 하는 양파의 물질은 물에 잘 녹아요. 그래서 양파를 흐르는 물에 씻으면서 손질하면 눈이 덜 맵다고 해요.

물이
독이 될 때도 있어?

➡ **너무 많이 마시면!**

사람이 생명을 유지하기 위해서 물은 반드시 필요해요. 하지만 뭐든 적당해야 좋지요. 물도 너무 많이 마시면 건강에 해로워요. 만일 사람이 물을 한꺼번에 6리터(L) 이상 마시면 목숨을 잃을 수도 있다고 해요. 왜냐하면 몸속에 있는 전해질의 균형이 급격히 무너질 수 있거든요. 전해질은 우리 몸의 세포가 잘 작동하도록 도와주는 물질이에요. 이 물질이 부족하면 심한 구토나 설사 같은 증상이 일어날 수 있지요. 물질도 균형이 참 중요하네요!

하나 더!

세계보건기구는 하루에 물을 1.5~2리터 정도 섭취해야 한다고 권해요. 이 권장량에는 음식과 음료로 얻는 물의 양도 포함되지요.

왜 익히면 소화가 잘될까?

➡ 분자들을 끊어 주니까.

쌀을 그대로 먹으면 전분 사이의 분자들이 단단하게 얽혀 있어 소화하는 데 많은 에너지가 들어요. 그러나 열을 가해 익혀 먹으면 달라지지요. 분자 사이마다 물이 채워지고, 밥알은 쫀득해져요. 그래서 몸속에 들어갔을 때 위와 장이 힘들게 일하지 않아도 소화가 잘되고 배탈이 잘 나지 않아요. 그렇다면 쌀을 따뜻한 물에 불리기만 해도 같은 효과를 낼 수 있을까요? 그건 아니에요. 쌀의 전분은 단단히 얽혀 있어서 온도가 아주 높아야만 그 사이를 물이 채울 수 있어요. 그래서 애써 열을 가해 익혀 먹는 거예요.

 하나 더!

압력밥솥의 안쪽은 바깥보다 압력이 높아요. 그래서 물이 높은 온도에서 끓어 더 빨리 밥이 되지요.

드라이아이스가 어떻게 아이스크림을 녹지 않게 해 줘?

주문하신 아이스크림 나왔습니다.

집에 갈 때까지 녹지 않아요.

➡ **열을 빼앗아 가기 때문이야.**

드라이아이스는 이산화 탄소를 얼려 고체로 만든 물질이에요. 상온*에 두면 고체에서 액체 단계를 거치지 않고 바로 기체로 변해요. 녹을 때 물이 되는 얼음과 달리 드라이아이스는 중간에 물이 나오지 않죠. 그리고 기체가 되는 과정에서 열을 빼앗기 때문에 드라이아이스 주변의 온도가 낮아져요. 그래서 아이스크림을 포장할 때 얼음 대신 드라이아이스를 이용하는 거랍니다.

*상온 : 열을 가하거나 냉장 또는 냉동하지 않은 자연 그대로의 기온.

드라이아이스의 온도는 영하 78도 정도라서 맨손으로 만지면 동상을 입을 수 있으니 조심해야 해요.

슬러시는 액체야, 고체야?

➡ 슬러시는 액체야.

한여름 더위를 식혀 주는 슬러시! 얼어 있으니 고체 같기도 하고 빨대로 먹을 수 있으니 액체 같기도 하지요? 슬러시의 정체는 바로 액체예요. 액체가 얼어야 하는 낮은 온도에 도달했는데도 고체가 되지 않고 액체 상태를 유지한 거지요. 이런 상태를 '과냉각'이라고 해요. 과냉각은 탄산과 당분이 들어 있으면 더 잘 일어나요. 그래서 슬러시는 주로 아주 달콤한 재료로 만들지요.

하나 더!

얼지 않은 탄산음료를 거품이 조금 날 때까지 흔든 다음, 냉동실에 3시간 정도 두었다가 꺼내서 살짝 뚜껑을 열어 김을 빼고 천천히 섞으면 슬러시가 돼요.

왜 과자 봉지에 질소를 가득 넣을까?

➡ 과자가 부서지지 않게 하려고.

과자 봉지를 질소로 채우는 데는 그럴 만한 이유가 있어요. 첫째, 과자가 부서지는 것을 막아 줘요. 둘째, 과자가 산소와 만났을 때 맛이 변하는 걸 막아 줘요. 셋째, 질소는 향도 없고 맛도 없고 색깔도 없어서 과자에 영향을 주지 않아요. 넷째, 공기 중에서 쉽게 얻을 수 있어요. 그래서 질소를 넣는 거니까 과자 봉지에 질소가 많더라도 화내지 말기로 해요!

 하나 더!

과자 봉지 안쪽이 은색인 이유는 알루미늄 물질로 코팅했기 때문이에요. 산소가 들어오는 걸 막아서 과자의 맛을 유지시켜 주는 또 한 겹의 장치예요.

비커 쌤의 와글와글 물질 세상 3
산성과 염기성은 어떻게 구분할까?

산성과 염기성은 일상생활 여기저기에서 많이 이용하는 물질의 특성 중 하나예요. 그러니 잘 알아 둘 필요가 있지요.

산성과 염기성을 어떻게 구분하는지부터 살펴볼게요. 산성 물질은 신맛이 나고 금속 물질과 반응해요. 조개나 달걀 껍데기와 만나면 녹이는 성질을 갖고 있지요. 염기성 물질은 쓴맛이 나고 금속 물질과 반응하지 않아요. 산성 물질과 다르게 조개나 달걀 껍데기에 반응하지도 않지요. 그렇지만 이 특징만 가지고 산성과 염기성을 정확하게 구분할 수 없어요. 게다가 어떤 물질의 성질을 알기 위해 맛을 본다거나 냄새를 맡는 행동은 위험하니 함부로 해서는 안 돼요.

물질이 산성인지 염기성인지 알 수 있는 간단한 방법은 지시약을 쓰는 거예요. 지시약은 어떤 물질과 만났을 때 특정한 변화를 나타내는 물질이에요. 리트머스 종이가 대표적이지요. 리트머스 종이는 푸른색과 붉은색이 있어요. 푸른색 리트머스 종이를 산성 용액에 넣으면 붉은색으로 변해요. 식초, 레몬즙, 사이다 등이 여기에 속해요. 붉은색 리트머스 종이를 염기성 용액에 넣으면 푸른색으로 변해요. 빨랫비누를 푼 물이나 유리 세정제가 염기성 용액에 속하지요.

4교시
끝없는 물질의 세계

비누를 만지면
왜 손이 미끌미끌해?

➡ **염기성 물질이라서 그래.**

비누나 세제는 대표적인 염기성 물질이에요. 염기성 물질은 단백질과 지방을 녹이는 성질이 있어요. 세균의 겉면은 지방층, 바이러스의 겉면은 단백질 외피로 이루어져 있기 때문에 염기성 물질인 세제로 파괴할 수 있죠. 그런 능력을 살균력이라고 해요. 그런데 인간의 몸 또한 단백질로 이루어져 있어요. 그래서 염기성 물질로 된 세제를 맨손으로 만지면 손끝의 단백질이 파괴되어 미끌미끌한 느낌이 드는 거예요.

비누의 분자는 세균과 바이러스의 겉을 녹여 형태를 파괴하고 제구실을 못 하게 만들기도 해요.

속이 쓰릴 때 먹는 젤리가 있어?

➡ **젤리가 아니고 제산제야.**

속이 쓰리고 아프다면 산성인 위액이 지나치게 많이 분비되었다는 신호예요. 이때 의사 선생님이 처방해 준 제산제를 먹으면 금방 가라앉아요. 제산제는 산성과 염기성의 성질을 이용한 약이에요. 염기성 물질인 제산제를 먹으면 강력한 산성 물질인 위액의 활동을 막을 수 있거든요. 이렇게 산성 물질과 염기성 물질이 만나 각각의 성질을 잃고 중성이 되는 걸 '중화 반응'이라고 해요.

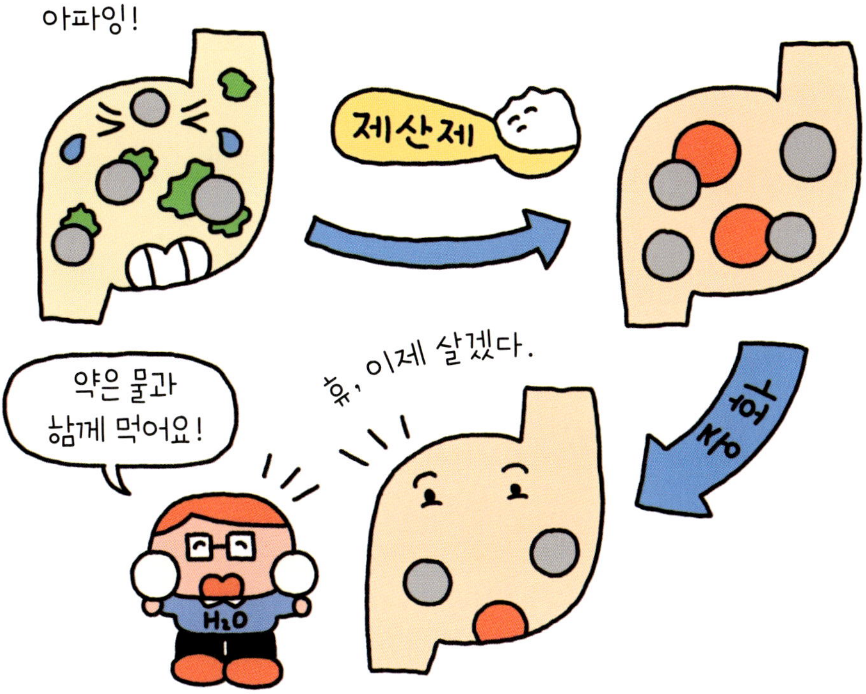

제산제는 생선 요리를 할 때 레몬즙을 뿌리는 것과 같은 원리예요.

물질은 왜 자꾸 모양이 변하지?

➡ **변화가 일어나기 때문이야.**

우리가 사는 세상에서는 물질이 고체였다가 액체가 되었다 기체가 되는 변화가 끊임없이 일어나요. 이러한 변화들 덕분에 지구는 균형을 이루고 있지요. 변화는 물리 변화와 화학 변화로 설명할 수 있어요. 물리 변화는 물질이 가진 고유의 성질을 그대로 가진 채 형태만 변하는 현상이에요. 물이 얼음이었다가 수증기가 되었다 하는 것은 물리 변화예요. 화학 변화는 원래와 다른 새로운 물질로 변하는 현상을 말해요. 나무가 불에 타면 재가 되는 것이 화학 변화에 속해요.

하나 더!

세상에는 118가지 원소가 있어요. 이 원소가 어떻게 모이느냐에 따라 원소보다 훨씬 많은 종류의 물질이 만들어져요.

얼음도 물인데
왜 얼음은 물에서 뜨지?

➡ **얼음의 밀도가 낮아서 그래.**

물에 어떤 물체를 넣었을 때 가라앉을지 뜰지를 결정하는 건 밀도예요. 밀도는 어떤 물질이 촘촘한 정도를 말하죠. 물이 얼면 양은 그대로지만 부피가 늘어나요. 그래서 페트병에 물을 가득 넣고 얼리면 터질 수 있다고 앞에서 이야기했지요. 질량이 같은데 부피가 늘어났다면 우리는 '밀도가 낮아졌다'라고 이야기해요. 물이 얼음으로 변하면 부피가 커지고 물보다 밀도가 낮아지기 때문에 물 위에 뜨는 거예요.

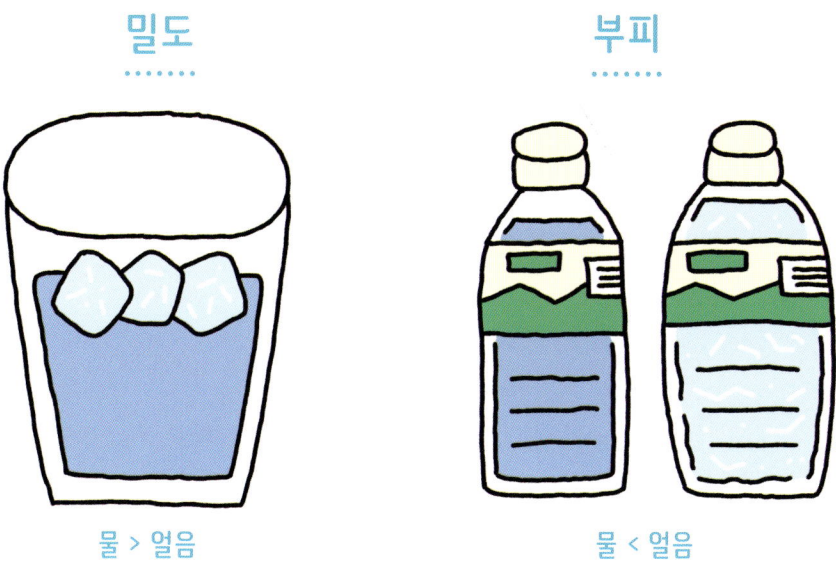

밀도 부피
물 > 얼음   물 < 얼음

하나 더!

쇠구슬과 나무 구슬을 같은 크기로 만들면 부피는 같아요. 그렇지만 무게를 재 보면 나무 구슬의 무게가 더 가볍지요. 쇠구슬보다 나무 구슬의 밀도가 낮은 거예요.

방귀의 물질은 무엇일까?

➡ **여러 가지 가스!**

방귀는 우리가 먹은 음식 중에 소화되지 않고 남은 찌꺼기들로 인해 생겨요. 찌꺼기를 큰창자(대장)에 있는 세균들이 분해할 때 가스가 생기는데 질소, 수소, 메탄, 이산화 탄소, 황화 수소 등이 그것이에요. 어떤 음식을 먹었는가, 건강 상태는 어떤가에 따라 방귀 냄새도 달라져요. 냄새가 걱정돼서 방귀를 너무 오래 참으면 가스가 뱃속에서 빠져나가지 못해 배가 아프고 변비가 생길 수도 있어요. 그러니까 방귀가 나올 것 같으면 화장실이나 사람이 없는 곳을 빨리 찾아가서 시원하게 뿌웅 뀌기로 해요!

하나 더!

소가 배출하는 방귀와 트림에는 메탄이라는 가스가 들어 있는데, 대표적인 온실가스여서 지구 온난화의 주요 원인으로 꼽혀요.

플라스틱을 완벽하게 분해할 방법은 없을까?

➡ **열심히 연구하고 있어.**

플라스틱 쓰레기는 정말 골칫덩어리예요. 플라스틱은 고분자 물질이라 분자끼리 너무 단단히 엮여 있어서 자연적으로는 끊어지지 않아요. 완전히 분해가 되지 않아 환경 오염을 일으키는 거지요. 이미 지구에는 너무나 많은 플라스틱 쓰레기가 있고요. 이 문제를 해결하고자 플라스틱 먹는 미생물을 활용하는 등 플라스틱을 완전히 분해하는 기술들을 하나씩 개발하고 있어요.

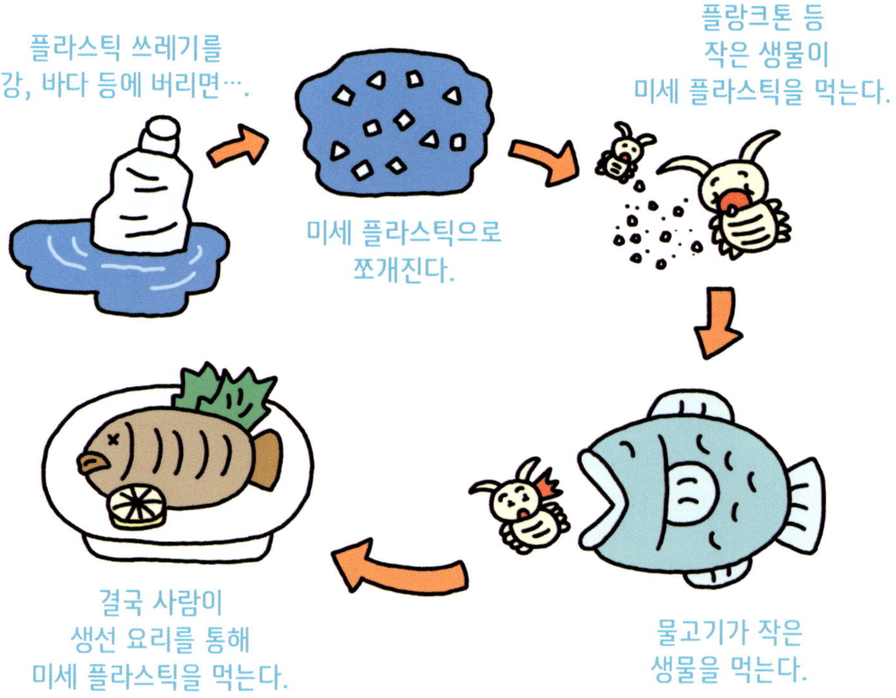

- 플라스틱 쓰레기를 강, 바다 등에 버리면….
- 미세 플라스틱으로 쪼개진다.
- 플랑크톤 등 작은 생물이 미세 플라스틱을 먹는다.
- 물고기가 작은 생물을 먹는다.
- 결국 사람이 생선 요리를 통해 미세 플라스틱을 먹는다.

하나 더!

옥수수 전분 등을 재료로 해서 자연에서 분해되는 플라스틱을 만들기 위해 과학자들이 노력하고 있어요.

플라스틱이 썩지 않아 문제라면 태우면 안 될까?

오, 오지 마!

플라스틱 용품

➡ **그건 좋은 해결 방법이 아니야.**

플라스틱을 태우면 다이옥신을 비롯해 사람들의 건강과 환경을 위협하는 물질들이 나와요. 그래서 플라스틱 쓰레기를 지정된 소각 시설이 아닌 곳에서 태우는 걸 엄격하게 금지하고 있어요.

플라스틱을 태웠을 때 나오는 물질들은 공기뿐 아니라 토양으로 흡수돼요. 토양이 오염되면 거기서 먹을거리를 얻는 사람에게 피해가 돌아오게 되어 있어요. 결국 묻어도, 태워도, 플라스틱은 지구가 감당 못 할 폐기물이 된다는 뜻이지요. 방법은 덜 사고 덜 쓰는 것밖에 없어요. 이 글을 읽는 여러분 중 누군가가 물질을 연구해서 이 문제를 해결할 수도 있을 테고요!

다이옥신 같은 물질은 특히 우리 몸에 흡수되면 암을 유발한다고 해서 발암 물질이라고도 불러요.

 자전거 바퀴에 녹이 스는 이유는 뭐야?

➡ 산화라는 현상이 일어나기 때문이야.

자전거를 밖에 오래 세워 두었다가 나중에 타려고 보니 철로 된 부분이 새빨갛게 변한 걸 본 적이 있나요? 철은 공기 중에 있는 산소와 물을 만나면 변하고 말아요. 이런 변화를 '산화 반응'이라고 해요. 이 반응이 일어나면 결과물이 생겨요. 우리가 '녹'이라고 부르는 물질이에요. 산화된 철이라고 해서 '산화 철'이라고도 해요.

 **하나 더!**

금속의 산화를 막기 위해 특수한 물질로 코팅을 하기도 해요. 철제 난간이나 자전거 체인 등에 간편하게 사용해 산화를 막을 수 있는 제품도 있어요.

55 불이 났을 때 왜 물을 뿌리지?

➡ **열을 내리고 산소를 차단하려고.**

불에 타는 걸 '연소'라고 해요. 어떤 물질이 산소와 반응하여 빛과 열을 내는 현상이지요. 탈 만한 것, 열, 산소, 이 세 가지가 있어야 불이 나요. 불이 났을 때 물을 뿌리는 이유는 두 가지예요. 우선, 불이 난 곳의 온도를 낮춰 줘요. 물을 뿌리면 불이 붙을 수 있는 온도, 즉 발화점보다 온도가 내려가지요. 그리고 물이 불에 닿는 순간 산소를 차단해서 불이 번지는 걸 막아 줘요. 연소의 조건 중 두 가지를 차단하는 셈이죠.

연소의 세 가지 조건

> **하나 더!**
>
> 나무나 천에 불이 붙었을 땐 물을 뿌려도 되지만, 전기나 기름 때문에 불이 났을 때는 물 대신 소화기나 모래를 뿌려서 꺼야 안전해요.

물질을 이용해서 우주에 갈 수 있다던데?

➡ **새로 개발되는 물질에 기대를 걸어 보자.**

세상은 물질의 변화로 이루어졌다고 해도 과언이 아니에요. 지금 이 순간에도 새로운 물질을 만들어 내려는 노력이 계속되고 있지요.

 그래핀이라는 물질을 예로 들어 볼게요. 꿈의 신소재라고도 불리는 그래핀은 세상에서 가장 얇으면서도 무척 튼튼해요. 열과 전기를 전달하는 능력 또한 뛰어나죠. 그래서 아주 얇은 디스플레이를 만들 수 있어요. 또한 탄소 나노 튜브를 활용해 지구와 우주를 연결하는 '우주 엘리베이터' 같은 장치를 만들 수도 있다고 해요. 놀라운 건, 그래핀과 탄소 나노 튜브를 이루는 원자도 탄소, 연필심의 흑연을 이루는 원자도 탄소라는 점이에요. 탄소가 어떤 식으로 결합되어 있느냐에 따라 엄청난 차이가 생겨나는 거예요.

그래핀과 탄소 나노 튜브뿐만 아니라 숯, 다이아몬드의 구성 성분도 탄소랍니다.

우리 몸에서도 화학 반응이 일어난다고?

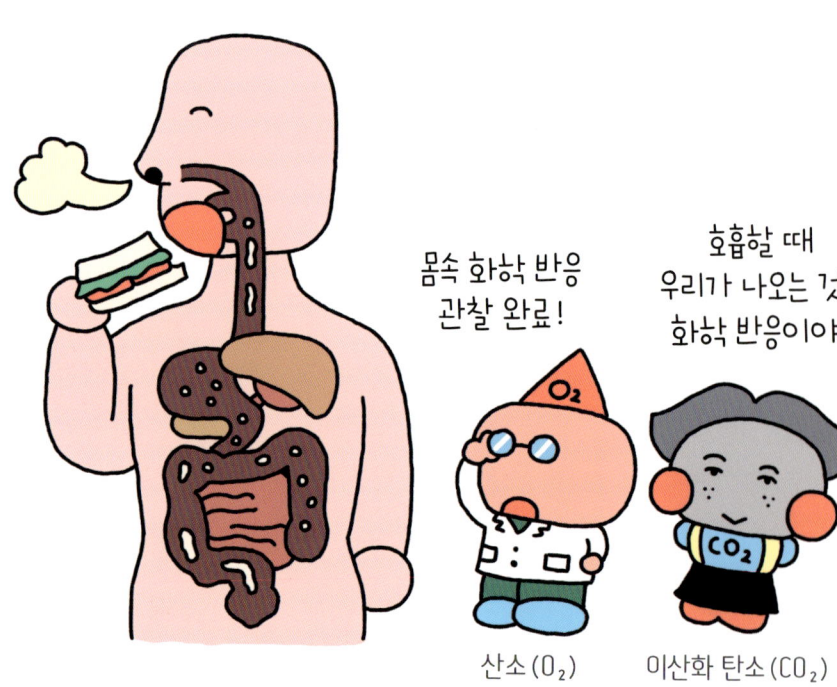

➡ **우리 몸은 화학 공장이나 마찬가지야.**

우리 몸에서는 거의 공장처럼 수많은 화학 반응이 끊임없이 일어나요. 그럼으로써 생명을 유지하고 몸을 움직일 수 있고 감정의 변화까지 느낄 수 있지요. 지금 이 순간에도 호흡하면서 산소를 흡수해 에너지를 얻고 이산화 탄소와 물을 내보내요. 음식을 먹으면 몸속의 효소들이 영양소를 분해해서 흡수하도록 만들지요. 뼈와 근육을 만들고, 몸을 지탱하고요. 이 모든 과정이 화학 반응을 통해 일어나요. 복잡하고 수많은 반응이 몸속에서 일어난다는 것은 굉장히 놀라운 일이에요.

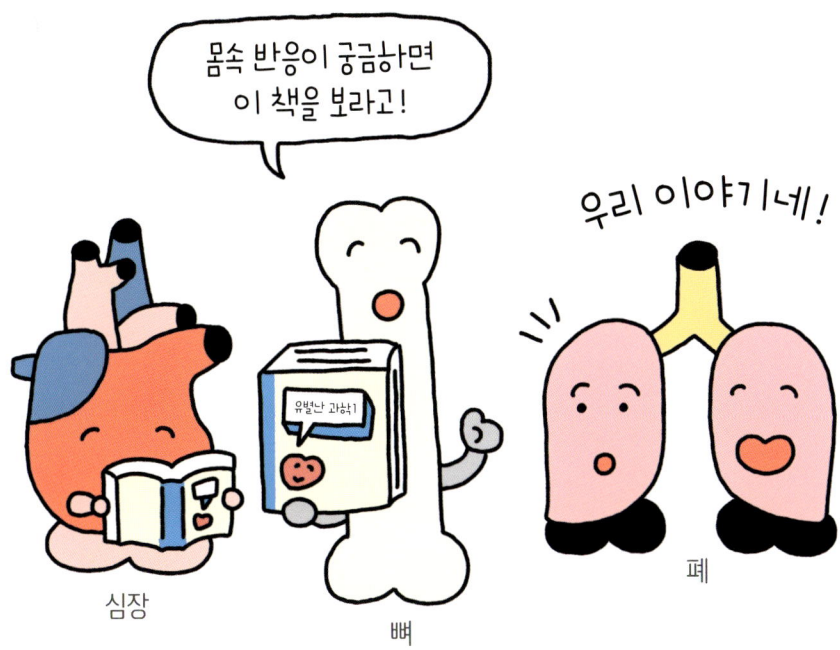

좋아하는 사람 앞에 서면 긴장이 되어 손에 땀이 나고 얼굴이 빨개져요. 그건 아드레날린이라는 호르몬 때문이에요. 이렇게 몸속에서 호르몬이 분비되는 것도 화학 반응 중 하나지요.

수백 년이 지난 미술 작품을 어떻게 보존한 걸까?

복원가는 화학자이자 예술가!

➡ **물질의 특성을 연구해서 복원하기 때문이야.**

아주 오래전에 그린 명화 중에는 좀 어두워 보이는 그림들이 있어요. 전깃불이 없을 때 그려서라고요? 그보다는 종이 위에 그린 그림이라 시간이 지나면서 낡고 색이 변해서일 거예요. 이런 오래된 그림을 최대한 원래 상태로 되돌리는 작업을 하는 사람들이 있어요. 바로 미술품 복원가예요. 예술 작품은 오랜 세월 공기와 접촉하면 산화 반응이 일어나요. 그래서 색이 바래거나 재료가 부식되기도 해요. 복원가는 이런 부분을 고치고 공기와의 접촉을 막는 재료를 그림 위에 덧바르는 작업을 해요. 예술에도 물질의 과학이 필요한 거예요.

적외선 촬영
물감 뒤에 숨겨진 밑그림을 알 수 있어요.

형광 X선 촬영
안료의 화학 성분을 분석해 본래 어떤 색을 사용했는지 알아내요.

현미경 영상 분석
어떤 색의 물감을 얼마나 짙게 발랐는지 확인할 수 있어요.

하나 더!

기름에 물감을 개어 만든 유화 물감을 쓰기 전에는 달걀노른자, 꿀 등에 색을 내는 가루를 섞어 물감으로 사용했다고 해요.

물은 왜 얼었다 녹아도 그대로 물일까?

➡ **가역 반응을 하니까.**

어떤 물질이 환경 등에 의해 상태가 변했다고 쳐요. 그런데 변한 물질이 변하기 전으로 돌아갈 수 있다면 '가역 반응을 한다'라고 말해요. 원래의 모습으로 되돌아갈 수 있는 화학 반응이라는 뜻이죠. 용어는 낯설지만 일상 속에서 자주 볼 수 있는 반응이에요. 예를 들어, 냄비 뚜껑을 닫고 물을 끓이면 뚜껑에 물이 맺히는 걸 본 적 있죠? 그건 물이 끓어서 수증기로 증발했다가 뚜껑의 차가운 면에 닿아서 다시 물이 된 거예요. 액체에서 기체가 되었다가 다시 원래의 물로 가역 반응을 한 거죠.

하나 더!

가역이라는 말은 화학뿐 아니라 뉴스나 다큐멘터리에서도 많이 쓰여요. "아직까지 기후 변화는 가역적입니다."라고 한다면 아직은 기후 변화 이전으로 돌아갈 수 있다는 뜻이지요.

탄 물건을 원래대로 되돌릴 수 있을까?

➡ **비가역 반응이라서 안 돼.**

　한번 불에 탄 물건이 원래대로 돌아오는 걸 본 적 있나요? 절대 일어날 수 없는 일이라는 걸 우리는 경험으로 알고 있지요. 이런 걸 비가역 반응이라고 해요. 이전으로 되돌릴 수 없는 변화예요. 앞에서 본 가역 반응과 반대되는 현상이지요. 뭔가 탄다는 것, 즉 연소는 대표적인 비가역 반응이에요. 고기를 구웠더니 색이 변하고 단단해지는 것, 깎은 사과의 색이 변하는 것, 모두 비가역 반응이에요.

 하나 더!

음식을 익히거나 발효시키고, 석탄 등을 태워 에너지를 얻는 일들이 비가역 반응을 일상생활에 이용한 예지요.

비커 쌤의 와글와글 물질 세상 4
물질은 계속해서 발전해!

과학자들은 물질을 이리저리 조합하고 변형시켜 새로운 물질을 만들어요. 앞에서 예로 든 신소재 그래핀이 그 결과 중 하나예요. 이런 건 실험실에서 과학자들한테나 일어나는 일 아니냐고요? 그렇게 만들어진 신소재들이 우리 생활 곳곳에 이용되고 있는데도요?

한 가지 예를 들어 볼게요. 세라믹이라는 말은 들어 본 적 있을 거예요. 주로 흙으로 구워 만든 도자기, 꽃병 같은 걸 말해요. 유리나 시멘트 같은 재료도 세라믹스라고 불러요. 이것은 특별한 제조 공정과 고온 처리를 통해 만들어요. 여기에서 한 단계 더 나아간 뉴 세라믹스(파인 세라믹스라고도 불러요)가 있어요.

뉴 세라믹스는 기존 세라믹스보다 뛰어난 기능을 가지고 있어요. 도자기나 꽃병 같은 세라믹스는 충격과 열에 약해요. 그래서 유리병에 갑자기 뜨거운 물을 붓거나 떨어트리면 깨지기 쉽지요. 하지만 뉴 세라믹스는 매우 안정되어 있어 충격에 강하고 고온도 잘 견뎌요. 이러한 특성 때문에 여러 산업 분야에서 다양하게 이용되고 있어요. 인공 뼈나 관절 등을 만들 때 쓰기도 하고, 총알을 막는 방탄복, 광통신 케이블, 반도체, 우주 산업 등에도 없어서는 안 되는 신소재예요.

어떤가요? 물질의 특성을 이용해서 새로운 소재를 만드는 일! 실험실에서가 아니라 우리의 일상생활에서 벌어지고 있는 일이라는 게 실감이 나나요?

♣ 교과 연계표

교과	학년	단원
과학	3학년 2학기	1. 물체와 물질
	4학년 1학기	2. 물의 상태 변화
	4학년 2학기	3. 여러 가지 기체
	5학년 1학기	2. 온도와 열
		4. 용해와 용액
	5학년 2학기	5. 산과 염기
	6학년 2학기	3. 연소와 소화

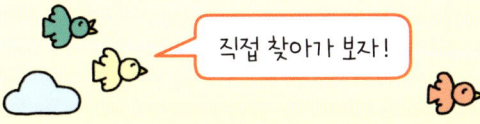

직접 찾아가 보자!

이 책을 읽고 물질에 관해 더 자세히 알고 싶다면 어린이 과학관을 방문해 보세요!

♣ **국립중앙과학관**
우리나라 최대 과학관으로 다양한 과학 분야의 전시와 행사 등을 진행하고 있어요. 여러 개의 건물 중에서 과학기술관에 가면 기초 과학 중 화학 코너를 관람할 수 있어요.
→ 대전광역시 유성구 대덕대로 481
→ www.science.go.kr

♣ **서울시립과학관**
화학 분야뿐만 아니라 환경, 뇌 과학, 우주, 건축, 수학 등 다양한 분야의 전시와 체험이 마련되어 있어요. 물질에 관해 알고 싶다면 2층 B 전시실과 O 전시실을 방문해 보세요.
→ 서울특별시 노원구 한글 비석로 160
→ science.seoul.go.kr

♣ **국립과천과학관**
과학탐구관에 가면 여러 과학 원리를 직접 몸으로 체험하며 익힐 수 있고, 첨단기술관에 가면 항공, 우주뿐만 아니라 신소재 관련 전시도 살펴볼 수 있어요.
→ 경기도 과천시 상하벌로 110
→ www.sciencecenter.go.kr

* 과학관의 전시 프로그램은 해당 기관으로 문의해 주세요.

유난히 별나게 나타난 과학 쌤의 유별난 과학 시간

① **몸속에서 튀어나온 인체 선생님**
글 페즐 / 그림 쓰보이 히로키 / 옮김 김윤정 / 감수 사에구사 게이이치로

② **지구 어디에나 있는 물질 선생님**
글 이진규 / 그림 나인완 / 감수·추천 장홍제

③ **뭉쳐야 사는 생태계 선생님** (근간)
글 이정아 / 그림 윤소진

④ **올려다보면 나타나는 우주 선생님** (근간)
글 페즐 / 그림 쓰보이 히로키 / 옮김 김윤정 / 감수 우라 사토시

⑤ **힘 좀 쓰는 에너지 선생님** (근간)
글 최영준 / 그림 박우희